# Die Biografie über Nicole

## Von Siegen und Stille

## Vorwort

Es gibt Stimmen, die ein ganzes Land für einen Moment innehalten lassen. Nicole, geboren 1964 im saarländischen Nohfelden, besitzt eine solche Stimme. Mit „Ein bisschen Frieden“ schenkte sie Deutschland 1982 nicht nur den ersten Sieg beim Eurovision Song Contest, sondern auch einen Song, der zum Symbol für Hoffnung und Versöhnung wurde. Doch hinter dem strahlenden Lächeln und der sanften Melodie verbirgt sich eine Geschichte, die weit über diesen einen, magischen Abend in Harrogate hinausreicht.

Die Wurzeln von Nicole liegen tief im Saarland, einer Region, die geprägt ist von Bescheidenheit, Zusammenhalt und einer gewissen Stille, die in ihrer Musik immer wieder anklingt. Schon als Kind zeigte sie eine ungewöhnliche Musikalität, sang auf Schul- und Betriebsfesten und begleitete sich selbst auf der Gitarre – ein Mädchen, das mit ihrer Stimme und ihrem Instrument die Menschen berührte. Die ersten Schritte auf die Bühne waren von Lampenfieber und jugendlicher Unsicherheit begleitet, doch es war der entscheidende Auftritt in Schwäbisch Hall, der ihr Leben verändern sollte. Dort wurde sie entdeckt, und mit Ralph Siegel an ihrer Seite begann eine Karriere, die von Höhen und Tiefen geprägt sein sollte.

Der Weg zum Eurovision Song Contest war alles andere als vorgezeichnet. Die Angst vor dem Sieg, die Anspannung während der Punktevergabe und schließlich der überwältigende Triumph – all das sind Momente, die Nicole prägten. Ihr Lied wurde in ganz Europa zur Hymne, und mit der mehrsprachigen Reprise bewies sie nicht nur musikalisches Talent, sondern auch ein Gespür für die Kraft der Verständigung. Die Welle des Erfolgs trug sie bis nach Großbritannien und Israel, doch der plötzliche Ruhm brachte auch Herausforderungen mit sich. Zwischen Medienrummel und Abitur, zwischen Bühnenlicht und Privatleben, musste Nicole ihren eigenen Weg finden.

Die folgenden Jahre zeigten eine Künstlerin, die sich immer wieder neu erfand: als Königin der ZDF-Hitparade, als gefeierte Teilnehmerin internationaler Festivals, als Mutter und Ehefrau, als Ehrenbürgerin ihrer Heimat. Skandale blieben aus, stattdessen prägten Bodenständigkeit, soziales Engagement und eine tiefe Verbundenheit zu ihren Wurzeln ihr Leben. Doch auch dunkle Zeiten blieben nicht aus. Die Diagnose Krebs, der Kampf im Verborgenen, die Härte der Chemotherapie – all das forderte Nicole heraus, ließ sie aber auch wachsen. Ihr Weg zurück ins Leben, das emotionale Bühnen-Comeback und ihr neues Bewusstsein für das Leben zeigen eine Frau, die gelernt hat, jeden Tag zu schätzen.

Diese Biografie folgt Nicole von den ersten Tönen im Saarland bis zum triumphalen Comeback nach schwerer Krankheit. Sie erzählt von Siegen und Stille, von der Kraft der Musik, von Rückschlägen und Neuanfängen – und von einer Frau, die nie aufgehört hat, an das Gute zu glauben.

## Ein Kind des Saarlands

Mitten im Saarland, wo die Grenzen zwischen Deutschland und Frankreich verschwimmen und die Menschen für ihre Herzlichkeit und ihren Zusammenhalt bekannt sind, wurde Nicole Hohloch an einem goldenen Herbsttag geboren. Schon früh spürte sie, dass ihre Heimat mehr war als nur ein Ort auf der Landkarte – sie war ein Gefühl, ein Versprechen, das sie durch ihr ganzes Leben begleiten sollte. Die kleine Nicole wuchs in einer Familie auf, in der Werte wie Ehrlichkeit, Fleiß und Zusammenhalt nicht nur gepredigt, sondern auch gelebt wurden. Ihre Eltern, Siegfried und Marliese, gaben ihr nicht nur Geborgenheit, sondern auch das Vertrauen, dass sie ihren eigenen Weg gehen durfte.

Das Saarland, geprägt von einer wechselvollen Geschichte und dem ständigen Wechselspiel zwischen deutscher und französischer Kultur, prägte Nicoles Blick auf die Welt. Hier lernte sie, dass Identität nicht immer einfach ist, sondern oft aus vielen Facetten besteht. Diese Erfahrung wurde zu einer ihrer größten Stärken: Sie entwickelte eine Offenheit für Neues, ohne dabei ihre Wurzeln zu vergessen. In den engen Gassen von Saarbrücken, zwischen den sanften Hügeln und den alten Bergwerken, entstand ein Charakter, der später im Rampenlicht bestehen konnte, ohne sich selbst zu verlieren.

Die Gemeinschaft, die sie in ihrer Kindheit erlebte, wurde für Nicole zum Maßstab. Sie verstand früh, wie wichtig es ist, sich auf andere verlassen zu können und selbst verlässlich zu sein. Diese Bodenständigkeit, die sie aus dem Saarland mitnahm, wurde zu ihrem Markenzeichen. Auch als sie später auf den großen Bühnen Europas stand, blieb sie dem Geist ihrer Heimat treu. Freunde und Wegbegleiter beschrieben sie als jemanden, der nie vergaß, woher sie kam – und der immer wieder dorthin zurückkehrte, um Kraft zu schöpfen.

So wurde das Saarland nicht nur zum geografischen Ausgangspunkt ihrer Reise, sondern auch zum emotionalen Zentrum ihres Lebens. Die Erfahrungen, die sie dort sammelte, halfen ihr, die Herausforderungen des Musikgeschäfts zu meistern. Sie wusste, dass sie immer einen Ort hatte, an den sie zurückkehren konnte – einen Ort, der ihr Halt gab, wenn der Applaus verklang und das Rampenlicht erlosch.

---

Hier begann der Weg von der Saar an die Weltspitze: Nicole mit ihrer Gitarre beim deutschen Grand-Prix-Vorentscheid 1982.

## Die ersten Töne

Ein Tag, der eigentlich ganz unspektakulär hätte verlaufen können, wurde für Nicole zum ersten Meilenstein ihrer musikalischen Reise. Während andere Kinder sich an den Ständen der Kaserne in St. Wendel mit Luftballons und Süßigkeiten beschäftigten, zog es Nicole magisch zur improvisierten Bühne. Ohne zu zögern, griff sie nach dem Mikrofon, das für die meisten Erwachsenen an diesem Tag nur ein Requisit war. Die Soldaten und ihre Familien, die sich auf einen gewöhnlichen Tag der offenen Tür eingestellt hatten, wurden Zeugen eines kleinen Wunders: Ein vierjähriges Mädchen, das mit erstaunlicher Selbstverständlichkeit und einer glasklaren Stimme den schwedischen Schlager „Ein Student aus Uppsala" anstimmte.

Die Reaktionen ließen nicht lange auf sich warten. Verwunderung mischte sich mit Begeisterung, als Nicole, scheinbar ohne Lampenfieber, die Melodie trug und die Aufmerksamkeit aller auf sich zog. Die Erwachsenen, die zunächst schmunzelnd dem Kind zusahen, spürten schnell, dass hier mehr als bloßer kindlicher Übermut am Werk war. In den Gesichtern der Zuhörer spiegelte sich Erstaunen, aber auch eine leise Ahnung, dass dieser Moment vielleicht der Anfang von etwas Größerem sein könnte.

Für Nicole selbst war es ein Augenblick voller Magie. Sie spürte, wie der Applaus sie beflügelte, wie die Freude der Menschen auf sie übersprang und ihr ein Gefühl von Bedeutung und Zugehörigkeit schenkte. Es war, als hätte sie in diesem Moment ihre Bestimmung gefunden, ohne es in Worte fassen zu können. Die Bühne, so provisorisch sie auch war, wurde für sie zum Ort, an dem sie sich entfalten konnte – ein Ort, an dem sie mit ihrer Stimme Herzen berührte.

Dieser erste Auftritt war weit mehr als eine Kindheitserinnerung. Er war die unbewusste Geburtsstunde einer Leidenschaft, die Nicole fortan begleiten sollte. Die Erfahrung, mit Musik Menschen zu erreichen, wurde zum inneren Kompass ihres Lebens. Noch wusste niemand, wohin dieser Weg führen würde, doch der Funke war entfacht – und er sollte nie wieder verlöschen.

---

Es begann mit leisen Klängen auf ihrer Gitarre und endete im Triumph: Nicole feiert mit Ralph Siegel und Bernd Meinunger den Sieg 1982.

## Musik auf Schul- und Betriebsfesten

Schon als Kind stand Nicole regelmäßig im Rampenlicht – allerdings nicht auf den großen Bühnen, sondern auf den kleinen, oft improvisierten Podesten der Schulfeste und der Weihnachtsfeiern des örtlichen Stahlwerks. Hier, zwischen Girlanden und Klappstühlen, begann sie, das Publikum für sich zu gewinnen. Die Aufregung vor jedem Auftritt war spürbar, doch sie verwandelte sich schnell in Freude, sobald die ersten Töne erklangen und die Gesichter der Zuhörer aufleuchteten. Nicole nutzte jede Gelegenheit, um ihre Stimme zu erproben und ihre Bühnenpräsenz zu stärken. Die unmittelbare Reaktion des Publikums – ein Lächeln, Applaus oder auch mal ein neugieriger Blick – wurde für sie zum wertvollsten Feedback.

Diese kleinen Auftritte waren weit mehr als bloße Fingerübungen. Sie waren ein echtes Trainingslager, in dem Nicole lernte, mit Lampenfieber umzugehen, spontan auf Situationen zu reagieren und sich auf der Bühne zu behaupten. Sie entwickelte ein feines Gespür dafür, wie sie mit ihrer Stimme und Ausstrahlung die Aufmerksamkeit der Zuhörer fesseln konnte. Die Erfahrung, in der zugigen Aula ihrer Realschule oder der festlich geschmückten Kantine des Stahlwerks zu singen, war für sie eine Schule des Lebens, die ihr keine Musikakademie hätte bieten können.

Mit jedem Auftritt wuchs ihr Selbstvertrauen. Sie merkte, dass sie mit ihrer Musik Menschen berühren konnte, und das motivierte sie, immer weiterzumachen. Die kleinen Bühnen wurden zu ihrem zweiten Zuhause, zu einem Ort, an dem sie sich ausprobieren und wachsen konnte. Sie lernte, wie wichtig es ist, nicht nur technisch sauber zu singen, sondern auch Gefühl und Persönlichkeit in jeden Song zu legen. Die Nähe zum Publikum – den Lehrern, Mitschülern und den Malochern aus der Gießerei – half ihr, ihre eigene künstlerische Identität zu finden und zu festigen.

Rückblickend waren diese Jahre die stille, aber entscheidende Vorbereitung auf alles, was noch kommen sollte. Ohne den Druck großer Hallen, aber mit der Ernsthaftigkeit und Leidenschaft, die sie von Anfang an auszeichneten, legte Nicole auf den Podesten aus Europaletten das Fundament für ihre spätere Karriere. Die Erfahrungen, die sie auf diesen kleinen Bühnen sammelte, prägten sie nachhaltig und machten sie bereit für die Herausforderungen des professionellen Musikgeschäfts, das schon bald auf sie wartete.

---

Vom größten Show-Moment zum intimsten Party-Abschluss: Ein Lied, das Generationen beim gemeinsamen Schunkeln und Mitsingen bis heute verbindet.

## Ein Mädchen und ihre Gitarre

Die Gitarre in der Hand, das Publikum gebannt – so prägte sich Nicole in das kollektive Gedächtnis ein. Doch hinter diesem ikonischen Bild verbarg sich weit mehr als nur eine talentierte Sängerin. Ihre musikalische Vielseitigkeit offenbarte sich schon in jungen Jahren, als sie mit großer Begeisterung begann, nicht nur ihre Stimme, sondern auch Instrumente zu ihrem Ausdrucksmittel zu machen. Das Akkordeon, mit seinen melancholischen und zugleich lebensfrohen Klängen, war eines der ersten Instrumente, das sie mit Hingabe erlernte. Es war für sie mehr als ein Begleitinstrument; es eröffnete ihr neue Klangwelten und half ihr, die emotionale Tiefe ihrer Musik zu erfassen.

Mit der Gitarre fand Nicole schließlich ihr musikalisches Zuhause. Sie übte stundenlang, probierte verschiedene Akkorde aus und entwickelte ein feines Gespür für Melodien und Harmonien. Die Gitarre wurde zu ihrem ständigen Begleiter, auf der Bühne wie im privaten Umfeld. Sie ermöglichte es ihr, unabhängig von anderen Musikern zu agieren und ihre Songs ganz nach ihren eigenen Vorstellungen zu interpretieren. Diese Unabhängigkeit war für Nicole ein wichtiger Schritt auf dem Weg zu einer eigenständigen Künstlerin. Sie wollte nicht nur singen, sondern ihre Musik auch selbst gestalten und formen.

Die Fähigkeit, sich selbst zu begleiten, verlieh ihren Auftritten eine besondere Authentizität. Das Publikum spürte, dass hier jemand stand, der nicht nur eine schöne Stimme hatte, sondern auch die Sprache der Instrumente beherrschte. Gerade in einer Zeit, in der viele Sängerinnen und Sänger auf die Unterstützung von Bands oder Orchestern angewiesen waren, hob sich Nicole durch ihre Vielseitigkeit ab. Sie wurde zum Inbegriff der Singer-Songwriterin, auch wenn sie viele ihrer Lieder nicht selbst schrieb. Ihr Umgang mit der Gitarre wurde zu einem Symbol für ihre Eigenständigkeit und Glaubwürdigkeit.

Dieses Bild – ein junges Mädchen, allein mit ihrer Gitarre, voller Gefühl und Ausdruckskraft – faszinierte die Menschen weit über die Grenzen Deutschlands hinaus. Es war diese Mischung aus musikalischem Können, Authentizität und natürlicher Ausstrahlung, die Nicole zu einer Ausnahmeerscheinung machte. Ihre Instrumente waren nie bloßes Beiwerk, sondern Ausdruck ihrer Persönlichkeit und ihres künstlerischen Anspruchs.

---

Die sechs Saiten hat sie kurz beiseitegelegt: Nicole nimmt eine Auszeichnung von TV-Legende Dieter Kürten sichtlich gerührt und mit einem Lächeln entgegen.

## Die erste große Liebe

Ein einziger Augenblick reichte aus, um Nicoles Leben für immer zu verändern. Als sie Winfried Seibert begegnete, war sie gerade einmal 14 Jahre alt, voller jugendlicher Träume, aber auch von Unsicherheiten begleitet, wie es für dieses Alter typisch ist. Winfried, drei Jahre älter, wirkte auf sie wie ein Ruhepol inmitten all der Aufregung und des Wandels, die das Erwachsenwerden mit sich bringt. Nicole empfand diese Begegnung nicht als eine harmlose Schwärmerei, sondern als einen Moment, der alles veränderte. Sie sprach später davon, dass es sich wie ein Blitzeinschlag angefühlt habe – ein plötzliches, tiefes Wissen, dass sie hier etwas gefunden hatte, das von Dauer sein würde.

Die Beziehung zwischen Nicole und Winfried entwickelte sich schnell zu einer tiefen, ernsten Verbindung, die weit über das hinausging, was man von einer Jugendliebe erwarten würde. Während andere in ihrem Alter noch auf der Suche nach sich selbst waren, spürte Nicole eine Sicherheit, die sie in ihrer weiteren Entwicklung maßgeblich beeinflusste. Winfried wurde zu ihrem Vertrauten, zu dem Menschen, der sie verstand, ohne dass viele Worte nötig waren. In einer Zeit, in der sich vieles veränderte und die ersten Schritte in Richtung Öffentlichkeit und Musikbusiness anstanden, war er der Fels, an dem sie sich orientieren konnte.

Noch bevor der große Ruhm an ihre Tür klopfte, war Winfried bereits an ihrer Seite. Er erlebte mit ihr die ersten kleinen und großen Erfolge, aber auch die Zweifel und Ängste, die mit dem wachsenden Druck einhergingen. Nicole wusste, dass sie sich auf ihn verlassen konnte, egal, wie turbulent das Leben wurde. Diese Gewissheit gab ihr die Kraft, sich auf ihre Karriere zu konzentrieren, ohne dabei den Boden unter den Füßen zu verlieren.

Die Verbindung zu Winfried war das private Fundament, das Nicole trug, als sie später ins Rampenlicht trat. Sie betrachtete diese Liebe als Geschenk, das ihr half, authentisch zu bleiben und sich nicht von äußeren Einflüssen verbiegen zu lassen. Winfried blieb nicht nur ihr Partner, sondern wurde zu einem festen Bestandteil ihres Lebens – ein Versprechen, das sie beide einlösten, lange bevor die Welt ihren Namen kannte.

---

Süßer als jeder Sieg: Bei ihrer Ehrenfeier 1982 im Münchner Hilton lernt Nicole vom Küchenchef das Rezept, das Herzen zum Schmelzen bringt.

## Der entscheidende Auftritt in Schwäbisch Hall

Ein einziger Abend, der zunächst wie jeder andere schien, wurde für Nicole zum Sprungbrett in eine neue Welt. Während sie auf der Bühne des Liederfestivals in Schwäbisch Hall stand, ahnte sie nicht, dass im Publikum jemand saß, der ihr Leben auf den Kopf stellen würde. Robert Jung, ein erfahrener Textdichter und Produzent, war gekommen, um Talente zu entdecken – und er wurde fündig. Die 15-jährige Nicole, mit ihrer klaren, gefühlvollen Stimme und einer Ausstrahlung, die das Publikum sofort in ihren Bann zog, ließ ihn aufhorchen. Jung erkannte in ihr nicht nur eine talentierte Sängerin, sondern ein echtes Rohdiamant, das nur darauf wartete, geschliffen zu werden.

Für Nicole war dieser Auftritt zunächst einer von vielen. Sie war es gewohnt, auf kleinen und größeren Bühnen zu stehen, das Lampenfieber zu spüren und sich mit ihrer Musik Gehör zu verschaffen. Doch diesmal war alles anders. Nach dem Konzert suchte Robert Jung das Gespräch mit ihr. Er sprach von ihrer besonderen Stimme, von der Fähigkeit, Emotionen zu transportieren, und davon, dass sie das Zeug zu einer großen Karriere habe. Nicole, die bis dahin vor allem von der Freude an der Musik getragen wurde, spürte plötzlich, dass sich eine Tür öffnete, von der sie bisher nur geträumt hatte.

Die Begegnung mit Jung war der Beginn einer neuen Ära. Er bot ihr an, gemeinsam an neuen Liedern zu arbeiten, sie zu fördern und ihr den Weg in die professionelle Musikbranche zu ebnen. Für Nicole bedeutete das nicht nur eine riesige Chance, sondern auch eine große Verantwortung. Sie wusste, dass sie nun mehr denn je an sich glauben und hart arbeiten musste, um das in sie gesetzte Vertrauen zu rechtfertigen.

Der Abend in Schwäbisch Hall wurde so zum Wendepunkt. Aus der begabten Amateurin wurde eine Hoffnungsträgerin der deutschen Musikszene. Nicole war bereit, das Angebot anzunehmen und den nächsten Schritt zu wagen. Sie stand am Anfang einer Reise, die sie weit über die Grenzen des Saarlands hinausführen sollte – und alles begann mit diesem einen, besonderen Auftritt, der ihr Leben für immer veränderte.

---

Nach dem Grand-Prix-Triumph mit Thomas Gottschalk: Damals ahnte Nicole nicht, dass die nächste große Stunde in der schwäbischen Provinz auf sie wartete.

## Jupiter Records und ein Mann namens Ralph Siegel

Durch die von Robert Jung hergestellte Verbindung trat Nicole 1981 schließlich Ralph Siegel gegenüber, dem Grandseigneur des deutschen Schlagers, der für seine Fähigkeit berüchtigt war, aus vielversprechenden Talenten echte Stars zu formen. Die Atmosphäre war von gespannter Erwartung geprägt. Siegel, der bereits zahlreiche Erfolge beim Grand Prix vorzuweisen hatte, ließ sich nicht lange bitten. Er spürte, dass in der jungen Sängerin aus dem Saarland eine besondere Ausstrahlung und eine Stimme lagen, die das Potenzial hatte, ein Millionenpublikum zu berühren. Ohne zu zögern, bot er ihr einen Vertrag bei seinem renommierten Label Jupiter Records an – ein Schritt, der für Nicole alles veränderte.

Mit der Unterschrift unter diesen Vertrag öffnete sich für Nicole die Tür zur ersten Liga des deutschen Musikgeschäfts. Plötzlich war sie nicht mehr nur ein vielversprechendes Talent, sondern Teil eines professionellen Teams, das genau wusste, wie man Hits produziert und Karrieren aufbaut. Siegel übernahm dabei weit mehr als die Rolle eines Produzenten. Er wurde zu ihrem Mentor, der ihre künstlerische Entwicklung mit strategischem Weitblick lenkte. Er erkannte ihre Stärken, förderte ihre Authentizität und half ihr, ihren eigenen Stil zu finden, ohne sie in ein festes Schema zu pressen.

Die Zusammenarbeit zwischen Nicole und Siegel entwickelte sich rasch zu einer der erfolgreichsten Partnerschaften in der deutschen Popgeschichte. Siegel verstand es, Nicoles natürliche Unbefangenheit und ihre klare, warme Stimme in den Mittelpunkt zu stellen. Er wählte die Songs mit Bedacht aus, achtete auf jedes Detail der Produktion und schuf so die Grundlage für eine beispiellose Karriere. Nicole profitierte von seinem Netzwerk, seiner Erfahrung und seinem untrüglichen Gespür für das, was das Publikum bewegte.

Für Nicole bedeutete diese Zeit eine enorme persönliche und künstlerische Entwicklung. Sie lernte, sich im Studio zu behaupten, ihre eigenen Ideen einzubringen und an sich selbst zu glauben. Siegel, der als Visionär galt, bestärkte sie darin, ihren Weg zu gehen und sich nicht von äußeren Erwartungen beirren zu lassen. So entstand eine kreative Symbiose, die weit über das übliche Verhältnis zwischen Produzent und Künstlerin hinausging und den Grundstein für Nicoles späteren Welterfolg legte.

---

Er komponierte den Sieg, das Hilton Hotel die Torte: Grand-Prix-Gewinnerin Nicole bei ihrer Triumphfeier 1982 in München.

## Flieg nicht so hoch, mein kleiner Freund

Kaum war „Flieg nicht so hoch, mein kleiner Freund“ im Sommer 1981 veröffentlicht, überschlugen sich die Ereignisse. Die melancholische Ballade, die Nicole mit einer Mischung aus jugendlicher Unschuld und erstaunlicher Reife interpretierte, traf den Nerv der Zeit. Innerhalb weniger Wochen entwickelte sich das Lied zu einem der meistgespielten Songs im Radio und wurde zum Gesprächsthema in Musikerkreisen und Wohnzimmern gleichermaßen. Die Verkaufszahlen schossen in die Höhe, und die Single kletterte bis auf Platz zwei der deutschen Charts – ein Kunststück, das für eine Debütantin ihres Alters fast schon an ein Wunder grenzte. Noch bemerkenswerter war, dass sich der Song ganze 22 Wochen in den Top-Positionen hielt.

Obwohl „Flieg nicht so hoch, mein kleiner Freund“ die Qualifikation für den deutschen Vorentscheid zum Eurovision Song Contest knapp verpasste, tat das der Begeisterung keinen Abbruch. Im Gegenteil: Die Aufmerksamkeit, die Nicole durch diesen Hit erhielt, war enorm. Plötzlich war sie nicht mehr nur ein vielversprechendes Talent, sondern eine feste Größe im deutschen Musikgeschäft. Die Medien überschlugen sich mit Lob, und in Interviews wurde immer wieder betont, wie sehr ihre Stimme berühre und wie authentisch sie die Emotionen des Liedes transportiere.

Für Nicole selbst war dieser Erfolg ein überwältigendes Erlebnis. Sie spürte, dass sich ihr Leben grundlegend veränderte. Die Nachfrage nach Auftritten stieg sprunghaft an, und sie musste lernen, mit dem plötzlichen Ruhm umzugehen. Doch trotz des Trubels blieb sie bodenständig und konzentrierte sich weiterhin auf ihre Musik. Die Zusammenarbeit mit Ralph Siegel erwies sich als Glücksgriff: Er verstand es, ihre Stärken herauszuarbeiten und ihr das nötige Selbstvertrauen zu geben, um auf der Bühne zu bestehen.

Mit „Flieg nicht so hoch, mein kleiner Freund“ war Nicole endgültig im Rampenlicht angekommen. Der Song wurde zum Markenzeichen ihrer frühen Karriere und öffnete ihr Türen, von denen sie zuvor nur hatte träumen können. Die Basis für eine außergewöhnliche Laufbahn war gelegt – und die Musikwelt wartete gespannt darauf, was als Nächstes kommen würde.

---

Sängerin Nicole nach ihrem Grand-Prix-Triumph 1982 in München. Diese Friedenstaube soll sie nach dem grandiosen Höhenflug sanft wieder landen lassen.

## Der alte Mann und das Meer

Mit „Der alte Mann und das Meer“ gelang Nicole ein weiterer Coup, der ihre junge Karriere auf ein neues Level hob. Die Veröffentlichung dieses zweiten Titels, nur wenige Monate nach ihrem Debüt, sorgte für gespannte Erwartungen in der Musikszene. Viele fragten sich, ob Nicole an den Erfolg ihres ersten Hits anknüpfen könnte oder ob sie in der Flut der One-Hit-Wonder untergehen würde. Doch schon nach den ersten Takten wurde klar: Hier sang eine Künstlerin, die mehr zu bieten hatte als nur einen Glückstreffer. Die Zusammenarbeit mit Ralph Siegel und Bernd Meinunger erwies sich erneut als Glücksgriff. Ihr Gespür für eingängige Melodien und tiefgründige Texte harmonierte perfekt mit Nicoles warmer, klarer Stimme.

Das Publikum reagierte begeistert. Die Single schaffte es, die Zuhörer emotional zu berühren und gleichzeitig zum Nachdenken anzuregen. Nicole wurde nicht mehr nur als das junge Mädchen mit der Gitarre wahrgenommen, sondern als ernstzunehmende Interpretin, die es verstand, Geschichten zu erzählen und Gefühle zu transportieren. Die Medien lobten ihre Authentizität und ihre Fähigkeit, auch anspruchsvolle Themen musikalisch umzusetzen. Innerhalb weniger Monate hatte sie sich einen festen Platz in der deutschen Musiklandschaft erobert.

Mit zwei erfolgreichen Singles im Rücken wuchs auch das Vertrauen in ihre künstlerische Entwicklung. Das Produzententeam um Ralph Siegel erkannte, dass Nicole das Potenzial hatte, eine dauerhafte Größe im Musikgeschäft zu werden. Sie selbst spürte, dass sie auf dem richtigen Weg war und dass ihr noch größere Aufgaben bevorstanden. Die Weichen für die Zukunft waren gestellt, und das Jahr 1982 kündigte sich als entscheidende Wegmarke an.

Die Vorzeichen standen günstig: Nicole hatte das Momentum auf ihrer Seite, das Publikum war neugierig auf ihre nächsten Schritte, und die Musikbranche blickte gespannt auf das, was da kommen würde. Mit „Der alte Mann und das Meer“ hatte sie bewiesen, dass ihr Erfolg kein Zufall war. Nun war sie bereit, die nächste große Herausforderung anzunehmen – eine Herausforderung, die nicht nur ihre eigene Karriere, sondern auch die Geschichte des deutschen Schlagers nachhaltig prägen sollte.

---

Jeder von ihnen hat auf seinem Meer gekämpft und den großen Fisch gelandet. Eine Feier des unbezwingbaren Willens in München, 1982.

## Ein Lied für Harrogate

Die ersten Takte von „Ein bißchen Frieden“ trafen einen Nerv, der weit über die Grenzen Deutschlands hinausreichte. Während Europa von politischen Spannungen und der allgegenwärtigen Angst vor einem atomaren Konflikt geprägt war, wagten Ralph Siegel und Bernd Meinunger einen musikalischen Gegenentwurf. Sie entschieden sich bewusst gegen laute Parolen und schrille Protestlieder, wie sie damals vielerorts zu hören waren. Stattdessen setzten sie auf eine leise, fast intime Botschaft, die nicht anklagte, sondern Verständnis und Hoffnung vermittelte. Die Idee, dass es vielleicht schon „höchstens ein bisschen Frieden“ sein könnte, was die Welt dringend brauchte, wurde zum Leitmotiv des Songs.

Die Entstehung des Liedes war geprägt von einer außergewöhnlichen Sensibilität für die Stimmung der Zeit. Siegel und Meinunger spürten, dass die Menschen nach etwas suchten, das ihnen Trost und Zuversicht geben konnte. Sie wollten ein Lied schaffen, das nicht nur unterhält, sondern berührt und verbindet. Die Melodie war eingängig, aber nicht aufdringlich, der Text einfach, aber tiefgründig. In nur drei Minuten gelang es ihnen, eine universelle Sehnsucht auszudrücken, die Millionen teilten.

Schon während der ersten Proben wurde deutlich, dass „Ein bißchen Frieden“ mehr war als ein gewöhnlicher Schlager. Die Zeilen wirkten wie eine sanfte Umarmung in einer Zeit, in der viele Menschen sich ohnmächtig und verunsichert fühlten. Die Entscheidung, das Lied nicht als lauten Appell, sondern als persönliche Bitte zu formulieren, erwies sich als genialer Schachzug. Es war, als würde das Lied jedem Einzelnen direkt ins Herz sprechen und die Hoffnung wecken, dass selbst kleine Schritte in Richtung Frieden von Bedeutung sein können.

Die Veröffentlichung des Songs fiel in eine Phase, in der die Friedensbewegung Hunderttausende auf die Straßen brachte. „Ein bißchen Frieden“ wurde zum musikalischen Symbol dieser Bewegung, ohne sich je als deren offizielles Sprachrohr zu verstehen. Es war ein Lied, das Brücken baute – zwischen Generationen, Nationen und politischen Lagern. Die Botschaft war klar: Frieden beginnt im Kleinen, in jedem Einzelnen. So wurde aus einer leisen Idee ein Lied, das Geschichte schrieb und bis heute nachhallt.

---

Der Applaus aus England war kaum verklungen, da wurde Grand-Prix-Siegerin Nicole 1982 schon in der Münchner Olympiahalle gefeiert.

## Der souveräne Vorentscheid

Die Spannung im Saal war mit Händen zu greifen, als Nicole an jenem Abend im März 1982 auf die Bühne trat. Noch wenige Tage zuvor hatte kaum jemand geahnt, dass ausgerechnet sie mit „Ein bißchen Frieden" das Rennen machen würde. Die Radioabstimmung, die dem eigentlichen Wettbewerb vorausgegangen war, hatte dem Lied wenig Chancen eingeräumt – es war auf dem letzten Platz gelandet. Doch Ralph Siegel hatte eine Vision für den Auftritt: eine radikal schlichte Inszenierung mit Nicole allein auf einem Hocker mit ihrer weißen Gitarre. Die Atmosphäre im Saal, das erwartungsvolle Murmeln des Publikums und die konzentrierte Stille, als Nicole die ersten Töne anstimmte, ließen erahnen, dass an diesem Abend etwas Besonderes geschehen würde.

Mit einer Mischung aus jugendlicher Unbekümmertheit und erstaunlicher Reife präsentierte Nicole das Lied, das später Millionen Menschen berühren sollte. Ihre Stimme war klar, ihre Ausstrahlung authentisch, und jeder Ton schien direkt aus dem Herzen zu kommen. Die Inszenierung war schlicht, fast zurückhaltend, doch gerade das verlieh dem Auftritt eine besondere Intensität. Die Zuschauer spürten, dass hier nicht nur ein Lied vorgetragen wurde, sondern eine Botschaft, die von der Sängerin selbst gelebt und gefühlt wurde.

Die Juroren, die zuvor vielleicht noch skeptisch gewesen waren, ließen sich von der Kraft des Moments mitreißen. Nicole gelang es, mit ihrer Darbietung eine Brücke zwischen sich und dem Publikum zu schlagen. Die Magie, die in der Verbindung von Lied, Interpretin und Inszenierung lag, entfaltete sich in voller Pracht. Es war, als ob der Song erst in diesem Augenblick seine wahre Bestimmung fand – getragen von Nicoles Stimme, ihrer Ausstrahlung und der schlichten, aber wirkungsvollen Präsentation.

Als die Punkte verkündet wurden, war die Überraschung groß: Mit einem überwältigenden Vorsprung sicherte sich Nicole den Sieg beim deutschen Vorentscheid. Die Freude und Erleichterung waren ihr ins Gesicht geschrieben, als sie realisierte, dass sie Deutschland beim Grand Prix vertreten würde. Der Abend markierte nicht nur einen Wendepunkt in ihrer Karriere, sondern auch einen Moment, in dem ein Lied, das zunächst wenig Beachtung gefunden hatte, plötzlich zur großen Hoffnung eines ganzen Landes wurde. Die Geschichte von „Ein bißchen Frieden" nahm hier ihren Anfang – getragen von einer jungen Frau, die mit ihrer Stimme und ihrer Überzeugungskraft alle Zweifel hinwegfegte.

---

Nachdem sie die nationale Auswahl für sich entschieden hatte: Nicole 1982 bei der Feier mit Olympiasiegern in der Münchner Olympiahalle.

## Die Angst vor dem Sieg

Mitten im Trubel der letzten Proben, als die Scheinwerfer bereits auf sie gerichtet waren und das Team um sie herum geschäftig wirkte, spürte Nicole eine Unruhe, die sie kaum in Worte fassen konnte. Während alle um sie herum von ihrem bevorstehenden Auftritt beim Grand Prix schwärmten und sie als Favoritin feierten, kämpfte sie mit einer ganz anderen, viel tiefer sitzenden Angst. Es war nicht die Furcht, auf der Bühne zu scheitern oder einen falschen Ton zu treffen – vielmehr war es die Vorstellung, tatsächlich zu gewinnen, die sie in ihren Grundfesten erschütterte.

In einem stillen Moment, abseits des Rampenlichts, wurde ihr die ganze Dimension dessen bewusst, was auf dem Spiel stand. Sie erinnerte sich später daran, wie sie plötzlich von der Erkenntnis übermannt wurde, dass ein Sieg nicht nur Ruhm und Ehre bedeutete, sondern auch das Ende ihrer bisherigen Normalität. Die vertraute Welt, in der sie bislang gelebt hatte, würde sich unwiderruflich verändern. Sie fragte sich, ob sie bereit war, diese Verantwortung zu tragen, ob sie dem Druck und den Erwartungen standhalten könnte, die mit einem solchen Triumph einhergingen.

Diese Zweifel, die sie in jener Nacht heimsuchten, ließen sie für einen Moment innehalten. Sie spürte, wie ihre Souveränität zu bröckeln begann und eine tiefe Verletzlichkeit zum Vorschein kam. In Interviews sprach sie später offen darüber, dass sie sich in diesem Augenblick nicht sicher war, ob sie den Sieg überhaupt wollte. Es war ein Gefühl, das sie überraschte und zugleich erschreckte – denn wer fürchtet sich schon davor, zu gewinnen?

Gerade diese Unsicherheit, dieser innere Konflikt, verlieh ihrem späteren Triumph eine besondere Tiefe. Während die Welt sie als strahlende Siegerin feierte, wusste Nicole, dass sie einen entscheidenden Moment der Selbstreflexion durchlebt hatte. Es war der letzte Augenblick, in dem sie noch ganz sie selbst war, bevor sie zur Projektionsfläche für die Hoffnungen und Sehnsüchte einer ganzen Generation wurde. Die Geschichte ihres Sieges ist deshalb nicht nur die eines musikalischen Erfolgs, sondern auch die einer jungen Frau, die sich ihren Ängsten stellte und trotz aller Zweifel den Schritt ins Rampenlicht wagte.

---

September 1982 im Musikladen: Wenige Monate nach dem großen Triumph. Jeder Akkord musste nun dem Echo des Erfolgs standhalten.

## Drei Minuten für die Ewigkeit

Das Scheinwerferlicht schnitt durch die Dunkelheit und lenkte alle Blicke auf Nicole, die allein auf ihrem Hocker saß, die weiße Gitarre fest umklammert. In diesem Moment lag eine fast greifbare Spannung in der Luft, als ob jeder im Saal und vor den Bildschirmen ahnte, dass hier etwas Außergewöhnliches geschehen würde. Ihre Erscheinung war zurückhaltend, fast schüchtern, und doch strahlte sie eine stille Entschlossenheit aus, die sofort faszinierte. Während andere Teilnehmer des Wettbewerbs auf große Gesten, aufwändige Choreografien und spektakuläre Effekte setzten, entschied sich Nicole für das Gegenteil: absolute Reduktion. Kein Glitzer, kein Feuerwerk, nur sie, ihre Gitarre und ihre Stimme.

Mit geschlossenen Augen begann sie zu singen, und es war, als würde sie die Welt um sich herum ausblenden. Die ersten Töne von „Ein bisschen Frieden" klangen leise und zart, doch sie trugen eine Kraft in sich, die niemanden unberührt ließ. Nicole sang von der Sehnsucht nach Frieden, nach Sonne und Wärme – Themen, die in einer Zeit politischer Spannungen und gesellschaftlicher Unsicherheiten einen Nerv trafen. Ihre Stimme war klar, unverstellt und voller Gefühl. Sie schien direkt aus ihrem Innersten zu kommen und fand ihren Weg in die Herzen der Zuhörer, ganz gleich, ob sie in Deutschland, Frankreich, Schweden oder Spanien saßen.

Die drei Minuten ihrer Darbietung wurden zu einem magischen Moment, in dem die Zeit stillzustehen schien. Die Melodie, so einfach und eingängig, verwandelte sich durch Nicoles Interpretation in eine universelle Hymne. Es war, als ob sie für jeden Einzelnen sang, als ob sie die Sorgen und Hoffnungen eines ganzen Kontinents in Worte fasste. Die Zuschauer spürten, dass hier nicht nur ein Lied vorgetragen wurde, sondern eine Botschaft, die weit über den Wettbewerb hinausging.

Als der letzte Ton verklang, herrschte für einen Augenblick absolute Stille, bevor der Applaus losbrach. In diesen wenigen Minuten war aus einem jungen Mädchen aus dem Saarland eine Legende geworden. Nicole hatte mit ihrer leisen, konzentrierten Art und ihrer gefühlvollen Stimme Geschichte geschrieben – und Millionen Menschen in ganz Europa berührt.

---

Ein Lied, das sie unsterblich machte: Nicole beim Jubiläum des Olympiaparks München 1982, im Jahr ihres historischen Triumphes.

R
S

## Die Punktevergabe: Ein Erdrutschsieg

Jubel brandete auf, als die letzten Töne verklungen waren und die Anspannung im Saal einer Welle der Begeisterung wich. Noch während Nicole ihre Gitarre ablegte, begann die Punktevergabe – ein Ritual, das sonst oft von taktischen Stimmvergaben und diplomatischen Feinheiten geprägt war. Doch an diesem Abend schien alles anders. Die ersten Länder verkündeten ihre Wertungen, und schon bald zeichnete sich ab, dass sich hier Historisches anbahnte. Immer wieder wurden die begehrten „douze points“ an Deutschland vergeben, und selbst Nationen, die sonst als zurückhaltend oder kritisch galten, schlossen sich dem Votum an. Portugal, Spanien, Dänemark – sie alle setzten ein Zeichen und hoben den deutschen Beitrag auf das Siegerpodest.

Mit jeder neuen Punktevergabe wuchs die Spannung, doch auch die Gewissheit, dass sich ein außergewöhnlicher Moment entfaltete. Die Kommentatoren sprachen von einer Demonstration der Einigkeit, wie sie der Wettbewerb selten erlebt hatte. Nur Luxemburg enthielt sich, doch das tat der Euphorie keinen Abbruch. Die Zahlen auf der Anzeigetafel stiegen unaufhaltsam, und als schließlich das Endergebnis feststand, war die Sensation perfekt: 161 Punkte für Deutschland, ein Vorsprung von 61 Zählern auf den Zweitplatzierten aus Israel. Das war nicht einfach ein Sieg – es war ein Erdrutsch, ein Triumph, der alle bisherigen Rekorde in den Schatten stellte.

Die Verkündung der israelischen Höchstwertung für Deutschland elektrisierte den Saal und ließ die Anwesenden für einen Moment den Atem anhalten. Die Worte „Germany, twelve points“ hallten durch die Halle und schienen die Zeit für einen Augenblick stillstehen zu lassen. Niemand hatte mit einer solchen Geste gerechnet, und die Bedeutung dieses Moments reichte weit über den musikalischen Wettbewerb hinaus. Die Reaktionen im Publikum schwankten zwischen ungläubigem Staunen und einer Welle der Begeisterung, die sich in tosendem Applaus entlud. Es war, als hätte sich die Geschichte selbst für einen Moment verneigt.

Weniger als vierzig Jahre nach den Schrecken des Holocaust war es ein deutsches Mädchen, das mit einer weißen Gitarre und einem Lied über den Frieden die Herzen der israelischen Jury eroberte. Die zwölf Punkte aus Jerusalem galten nicht nur der musikalischen Darbietung, sondern wurden als ein Zeichen der Hoffnung und Versöhnung verstanden. Viele im Saal und vor den Fernsehbildschirmen spürten, dass hier ein historischer Augenblick stattfand, der weit über den Rahmen des Eurovision Song Contest hinausging. Die Geste der israelischen Jury wurde als Sensation wahrgenommen, als ein Zeichen, dass Musik Brücken bauen und Wunden heilen kann, wo Worte oft versagen.

---

Kurz nachdem sie die europäischen Wertungstafeln zum Einsturz brachte, sang Nicole 1982 beim 10-jährigen Jubiläum des Münchner Olympiaparks.

## Ein Geniestreich: Die mehrsprachige Reprise

Mitten im tosenden Applaus, der nach der Siegesverkündung durch den Saal brandete, betrat Nicole erneut die Bühne. Die Erwartungen waren klar: Noch einmal sollte sie „Ein bißchen Frieden" singen, so wie es die Tradition beim Eurovision Song Contest verlangt. Doch anstatt sich einfach an das gewohnte Prozedere zu halten, überraschte sie Publikum und Mitwirkende gleichermaßen mit einer spontanen Entscheidung, die in die Geschichte eingehen sollte. Während die ersten Takte erklangen, ahnte niemand, dass Nicole gleich einen Moment schaffen würde, der weit über den Wettbewerb hinausstrahlen sollte.

Mitten im Vortrag wechselte sie plötzlich und scheinbar mühelos von der deutschen in die englische Sprache. Die Zuschauer horchten auf, als sie dann auch noch ins Französische und Niederländische überging. Ihre Begleitmusiker, die von dieser Idee nichts gewusst hatten, blickten sie verblüfft an, doch Nicole ließ sich nicht beirren. Sie sang weiter, als wäre es das Selbstverständlichste der Welt, und verband so die Sprachen Europas in einem einzigen Lied. Diese Geste war nicht nur musikalisch beeindruckend, sondern auch ein starkes Symbol: Nicole zeigte, dass der Wunsch nach Frieden keine Grenzen kennt und dass Musik Menschen über alle Sprachbarrieren hinweg vereinen kann.

Die Wirkung ließ nicht lange auf sich warten. Im Saal breitete sich eine besondere Stimmung aus, die weit über die Freude eines Sieges hinausging. Viele Anwesende spürten, dass hier gerade etwas Außergewöhnliches geschah. Nicole verwandelte ihren Triumph in einen Moment der Gemeinsamkeit, der den europäischen Gedanken auf eine ganz neue Ebene hob. Sie wurde in diesem Augenblick nicht nur als deutsche Siegerin gefeiert, sondern als Botschafterin eines Kontinents, der sich nach Frieden sehnte.

Die Entscheidung, das Lied in mehreren Sprachen zu singen, war ein Geniestreich, der den Abend unvergesslich machte. Nicole hatte damit nicht nur den Wettbewerb gewonnen, sondern auch die Herzen eines internationalen Publikums erobert. Ihr spontaner Einfall wurde zum Sinnbild für Verständigung und Zusammenhalt. Noch Jahre später sollte man sich an diesen Auftritt erinnern – als an einen Moment, in dem Musik Brücken baute und ein Lied zur Hymne für ein ganzes Europa wurde.

---

Vom stimmlichen zum körperlichen Balanceakt: Sängerin Nicole bewies 1982 nicht nur mit Worten, sondern auch am Seil europäisches Format.

## Die Welle des Erfolgs: Nummer 1 in Europa

Plötzlich war „Ein bißchen Frieden“ nicht mehr nur ein Song, sondern ein europäisches Ereignis. Die Radiostationen spielten das Lied in Dauerschleife, und in den Plattenläden bildeten sich lange Schlangen. In den Tagen nach dem Triumph in Harrogate schien es, als könne niemand genug von Nicoles sanfter Stimme und der schlichten Botschaft bekommen. Die Single schoss in Windeseile an die Spitze der Charts – nicht nur in Deutschland, sondern auch in Österreich, der Schweiz, den Niederlanden und Belgien. Überall war das Lied Gesprächsthema, und die Nachfrage nach der Platte übertraf alle Erwartungen.

Besonders in Schweden entwickelte sich ein regelrechter Hype. Dort hielt sich „Ein bißchen Frieden“ sagenhafte elf Wochen auf Platz eins der Hitparade – ein Rekord, der selbst erfahrene Musikexperten überraschte. Die Melodie und der Text trafen offenbar einen Nerv, der weit über Sprach- und Landesgrenzen hinausreichte. In den Cafés, auf Schulhöfen und in den Wohnzimmern wurde das Lied gesungen, gepfiffen und diskutiert. Die Menschen fühlten sich verstanden und getröstet, als hätte Nicole mit ihrer Musik einen kollektiven Wunsch nach Harmonie und Hoffnung ausgesprochen.

Der kommerzielle Erfolg war überwältigend. Innerhalb weniger Monate wurden weltweit über fünf Millionen Exemplare der Single verkauft. Gold- und Platinauszeichnungen stapelten sich, und die Musikindustrie feierte Nicole als Sensation. Zeitungen und Magazine berichteten über das „Phänomen Nicole“, und Fernsehshows rissen sich um Auftritte der jungen Sängerin. Sie wurde zur Symbolfigur einer Generation, die sich nach Frieden und Zusammenhalt sehnte.

Mit einem Mal war Nicole nicht mehr nur ein deutsches Nachwuchstalent, sondern ein internationaler Star. Ihr Lied wurde in zahlreiche Sprachen übersetzt und in vielen Ländern gecovert. Die universelle Botschaft von „Ein bißchen Frieden“ machte sie zur Botschafterin einer neuen Zeit, in der Musik Brücken bauen konnte. Für Nicole selbst war diese Zeit ein Rausch aus Terminen, Interviews und Reisen – aber auch ein Moment, in dem sie spürte, wie sehr ihre Musik die Menschen bewegte. Der Siegeszug von „Ein bißchen Frieden“ war der Auftakt zu einer außergewöhnlichen Karriere, die weit über den Eurovisionserfolg hinausstrahlen sollte.

---

Mitten in der Brandung des Ruhms findet Nicole (r.) 1983 bei Mutter Marliese Halt, während ihr Friedenslied gerade den ganzen Kontinent eroberte.

No. 562820 Date: 08.01.1983 Credit: TEUTO / teutopress GmbH
Nicole (re.) mit ihrer Mutter Marliese Hohloch 1/83 strae

## A Little Peace: Die Eroberung Großbritanniens

Mitten im Herzen der britischen Popkultur, wo deutsche Künstler bislang kaum Fuß fassen konnten, gelang Nicole ein Coup, der selbst Branchenkenner überraschte. „A Little Peace“, die englische Version ihres Eurovision-Siegersongs, stürmte die britischen Singlecharts und setzte sich an deren Spitze – ein Kunststück, das vor ihr noch keiner deutschen Künstlerin gelungen war. Die britische Musikszene galt als verschlossen und anspruchsvoll, doch Nicoles sanfte Stimme und die universelle Botschaft ihres Liedes öffneten ihr die Türen zu einem Millionenpublikum.

Der Auftritt in der Kultsendung „Top of the Pops“ war ein weiterer Meilenstein. Hier präsentierte sie sich einem jungen, trendbewussten Publikum, das sie zuvor kaum gekannt hatte. Die Bühne, die als Ritterschlag in der britischen Popmusik galt, wurde für Nicole zum Sprungbrett in eine neue Dimension der Bekanntheit. Die britische Jugend nahm sie begeistert auf, und ihr Lied wurde zum Soundtrack einer ganzen Generation, die sich nach Frieden und Hoffnung sehnte.

Ein besonderer Eintrag in die Musikgeschichte war die Tatsache, dass „A Little Peace“ als die 500. Nummer-eins-Single der britischen Charts verzeichnet wurde. Diese runde Zahl verlieh ihrem Erfolg eine zusätzliche symbolische Bedeutung und wurde in den Medien als historischer Moment gefeiert. Nicole wurde nicht nur als Sängerin, sondern auch als Botschafterin einer positiven Botschaft wahrgenommen, die über Sprach- und Landesgrenzen hinweg wirkte.

Der Triumph im Vereinigten Königreich war mehr als nur ein kommerzieller Erfolg. Er war die endgültige Bestätigung dafür, dass Nicoles Musik internationale Strahlkraft besaß. In Interviews wurde betont, wie außergewöhnlich es sei, dass eine deutsche Künstlerin mit einem Lied über Frieden die Herzen der Briten erobern konnte. Für Nicole selbst war dieser Erfolg ein emotionaler Höhepunkt, der ihr zeigte, dass Musik Brücken bauen und Menschen verbinden kann. Ihr Name war nun untrennbar mit einem der größten Momente der britischen Popgeschichte verbunden – ein Beweis dafür, dass manchmal ein bisschen Frieden ausreicht, um die Welt zu verändern.

---

So geht Völkerverständigung: Nicole brachte den Frieden, Trio den Dadaismus. Beide trafen damit den Nerv der Zuhörer jenseits des Kanals.

teutopress No. 562822 Date: 08.01.1983 Credit: TEUTO / teutopress GmbH
Trio und Nicole bei "Menschen 82" 01/83 stroe

## Die Welt ruft: Einladung nach Israel

Mitten in einer Zeit, in der politische Spannungen und Unsicherheiten den Alltag vieler Menschen bestimmten, erreichte Nicole eine Einladung, die alles bisher Erlebte in den Schatten stellte. Die israelische Regierung bat sie offiziell nach Tel Aviv, um vor Soldatinnen und Soldaten der Armee aufzutreten – ein Zeichen der Anerkennung, das weit über die zwölf Punkte beim Eurovision Song Contest hinausging. Für Nicole war diese Geste nicht nur eine Auszeichnung, sondern auch eine Herausforderung, die sie mit großem Respekt annahm. Den Brief, der sie zu diesem besonderen Anlass einlud, bewahrte sie als kostbares Erinnerungsstück auf.

Die Reise nach Israel war für Nicole mehr als ein gewöhnlicher Auslandstermin. Sie wusste, dass sie mit ihrem Lied „Ein bißchen Frieden" eine Botschaft transportierte, die in diesem Land eine ganz besondere Bedeutung hatte. Die Begegnung mit den jungen Soldatinnen und Soldaten, die im Alltag mit Unsicherheit und Gefahr lebten, hinterließ bei ihr einen bleibenden Eindruck. Sie erinnerte sich später daran, wie sie auf einem einfachen Hocker Platz nahm, die Gitarre in den Händen, und ihr Lied anstimmte. Die Soldaten legten ihre Gewehre beiseite, hörten aufmerksam zu und ließen sich für einen Moment von der Musik in eine andere Welt entführen.

In diesen Minuten wurde Nicole bewusst, dass Musik Brücken bauen und Grenzen überwinden kann. Die Botschaft von „Ein bißchen Frieden" war plötzlich keine abstrakte Idee mehr, sondern wurde in den Gesichtern der Zuhörer lebendig. Die Atmosphäre war von einer besonderen Stille geprägt, als ob jeder Ton, jedes Wort, direkt ins Herz traf. Nicole spürte, dass sie mit ihrer Musik etwas bewirken konnte, das weit über den Erfolg in den Charts hinausging.

Diese Erfahrung prägte sie nachhaltig. Sie erkannte, dass die wahre Kraft ihrer Musik nicht in Verkaufszahlen oder Auszeichnungen lag, sondern in der Fähigkeit, Menschen zu berühren und Hoffnung zu schenken. Der Auftritt in Tel Aviv wurde für Nicole zu einem Schlüsselmoment, der ihr Selbstverständnis als Künstlerin vertiefte. Sie nahm aus Israel nicht nur Erinnerungen, sondern auch eine neue Verantwortung mit: Die Überzeugung, dass Musik tatsächlich die Welt ein kleines Stück besser machen kann.

---

Eine musikalische Einladung an die Welt, bevor man einer fernen folgt: Trio und Nicole proben in Berlin den internationalen Auftritt, 1983.

teutopress No. 562825 Date: 08.01.1983 Credit: TEUTO / teutopress GmbH
Trio und Nicole bei "Menschen 82" 01/83 stroe

## Ein Star wider Willen: Der Medienrummel

Blitzlichtgewitter, Mikrofone, fremde Städte – alles drehte sich plötzlich nur noch um Nicole. Kaum hatte sie den Song „Ein bißchen Frieden" gesungen, war sie nicht mehr einfach die 17-jährige Schülerin aus Saarbrücken, sondern ein Phänomen, das ganz Europa bewegte. Die Medien stürzten sich auf sie, als hätten sie nur auf jemanden wie sie gewartet: ein Mädchen mit Gitarre, das so gar nicht in das Bild der lauten, rebellischen Jugend der frühen Achtziger passen wollte. Stattdessen wurde Nicole zur Projektionsfläche für Sehnsüchte nach Unschuld, Harmonie und einer heilen Welt. Die Presse feierte sie als „Anti-Revoluzzerin", als wohltuenden Gegenpol zu den schrillen Pop-Ikonen jener Zeit.

Doch hinter den Kulissen war der Preis für diesen Ruhm hoch. Nicole fand sich in einem Strudel aus Terminen, Interviews und Reisen wieder, der kaum noch Pausen zuließ. Ihr Alltag wurde von Managern, Plattenfirmen und Journalisten bestimmt. Sie musste lernen, mit der ständigen Beobachtung umzugehen, immer freundlich zu bleiben, auch wenn ihr nach Ruhe zumute war. Die Anforderungen an sie waren enorm: Sie sollte Interviews geben, in Fernsehsendungen auftreten, Autogramme schreiben und dabei stets das Bild der perfekten, bescheidenen Künstlerin verkörpern.

Gleichzeitig spürte Nicole, wie ihr altes Leben langsam verblasste. Die Schule, die Freunde, die vertraute Umgebung – all das rückte in den Hintergrund. Sie war nun eine öffentliche Person, ein Symbol, das Erwartungen erfüllen musste. Die größte Herausforderung bestand darin, sich selbst nicht zu verlieren. Nicole wurde klar, dass sie lernen musste, Grenzen zu setzen, um ihre eigene Identität zu bewahren. Sie versuchte, sich kleine Inseln der Normalität zu schaffen, etwa durch Telefonate mit der Familie oder kurze Spaziergänge, wann immer es der Terminkalender zuließ.

Inmitten dieses Wirbels aus Aufmerksamkeit und Verpflichtungen war es vor allem ihre Bodenständigkeit, die ihr half, nicht abzuheben. Nicole wusste, dass der Rummel auch wieder abebben würde, und dass es wichtig war, sich selbst treu zu bleiben. Sie lernte, mit dem Druck umzugehen, und entwickelte eine innere Stärke, die sie durch die kommenden Jahre tragen sollte. Der plötzliche Ruhm war ein Schock – aber auch eine Lektion fürs Leben.

---

Ein tapferes Lächeln im Blitzlichtgewitter: Nicole nach ihrem Grand-Prix-Sieg mit Trio-Drummer Peter Behrens in der Sendung „Menschen 82".

## Abitur zwischen den Auftritten

Während die internationale Presse sie als neue Hoffnungsträgerin der Popmusik feierte und ihre Single „Ein bißchen Frieden" in den Charts explodierte, verfolgte Nicole ein Ziel, das mit Glamour und Blitzlicht wenig zu tun hatte: Sie wollte ihr Abitur schaffen. Während andere in ihrem Alter vielleicht von einer Karriere im Rampenlicht geträumt hätten, blieb für Nicole und ihre Familie die Schule oberste Priorität. Der Spagat zwischen Weltruhm und Schulbank wurde zu einer täglichen Herausforderung, die sie mit bemerkenswerter Disziplin meisterte.

Statt sich nach Auftritten und Interviews auszuruhen, griff sie zu ihren Schulbüchern. Die Lernphasen fanden nicht selten in den unruhigen Kabinen von Flugzeugen statt, auf dem Weg von einem Fernsehstudio zum nächsten. Hotelzimmer wurden zu provisorischen Klassenzimmern, in denen sie sich mit Mathematik, Deutsch und Geschichte beschäftigte, während draußen Fans und Journalisten warteten. Ihre Hausaufgaben und Lernmaterialien reisten ihr hinterher – per Telex, einem damals hochmodernen Kommunikationsmittel, das es ermöglichte, Aufgaben und Korrekturen quer durch Europa zu schicken. So erhielt sie regelmäßig neue Aufgaben von ihren Lehrern, die sie dann zwischen Proben und Presseterminen abarbeitete.

Diese Zeit verlangte Nicole nicht nur organisatorisch alles ab, sondern stellte auch ihre Willenskraft auf die Probe. Während andere junge Künstler sich vielleicht vom Sog des Showgeschäfts hätten mitreißen lassen, blieb sie standhaft. Für sie war klar, dass der Schulabschluss nicht nur ein Stück Papier, sondern ein Symbol für Unabhängigkeit und Selbstbestimmung war. Ihre Familie unterstützte sie dabei, wo sie nur konnte, und sorgte dafür, dass sie trotz aller Verpflichtungen nicht den Blick für das Wesentliche verlor.

Als sie schließlich ihr Abiturzeugnis in den Händen hielt, war das für Nicole ein ganz persönlicher Triumph. Es war der Beweis, dass sie sich nicht von Ruhm und Erfolg vereinnahmen ließ, sondern ihren eigenen Weg ging. Der Abschluss wurde zu ihrem Sicherheitsnetz, das ihr die Freiheit gab, sich im Musikgeschäft auszuprobieren, ohne sich abhängig zu fühlen. Inmitten des größten Trubels zeigte sich so eine charakterliche Stärke, die sie ihr ganzes Leben begleiten sollte.

---

Für Sängerin Nicole war das Mikrofon 1982 bei „Menschen 82" so wichtig wie der Füller für die anstehenden Abschlussprüfungen.

## Ein Jahrhundertereignis

Nicoles Triumph in Harrogate versetzte ein ganzes Land in Euphorie und wurde zum Symbol für Hoffnung und Zusammenhalt. Inmitten politischer Unsicherheiten bot ihr Sieg mit seiner universellen Friedensbotschaft einen seltenen Moment nationaler Einigkeit, der weit über den musikalischen Wettbewerb hinausging.

Die Wirkung reichte weit über die Musikszene hinaus: Das Bild der jungen Sängerin, die von Frieden sang, wurde zum Inbegriff einer Generation und markierte für viele einen Wendepunkt. Nach 27 Jahren bot der als „Jahrhundert-Hit" gefeierte Sieg endlich wieder einen Grund für nationalen Stolz, der sich auf Kultur und Menschlichkeit gründete, nicht auf Wirtschaft oder Sport.

Nicole selbst avancierte zur Identifikationsfigur und Botschafterin eines neuen, freundlicheren Deutschlands. Ihr Erfolg galt als Zeichen internationaler Anerkennung, während die universelle Friedensbotschaft ihres Liedes in einer von Krisen geprägten Zeit Menschen über alle Grenzen hinweg verband und eine gemeinsame Vision bot.

Der Sieg in Harrogate war somit mehr als ein musikalischer Meilenstein; er wurde zu einem kulturgeschichtlichen Ereignis, das das Selbstbild der Bundesrepublik nachhaltig prägte. Nicoles Erfolg ist die bleibende Erinnerung daran, wie ein einziger Song ein Land zusammenrücken ließ, Brücken baute und das Gefühl einer ganzen Nation veränderte.

---

Ein musikalisches Gipfeltreffen, das es so nur einmal gab: ESC-Siegerin Nicole probt gemeinsam mit der NDW-Kultband Trio für die Sendung „Menschen 82".

## Eine neue Rolle: Mutter und Ehefrau

Marie-Claire und Joelle, die beiden Töchter, veränderten Nicoles Leben grundlegend. Die Geburt ihrer Kinder stellte alles auf den Kopf: Plötzlich war nicht mehr der nächste Fernsehauftritt oder das nächste Interview das Wichtigste, sondern das Lächeln ihrer Mädchen am Frühstückstisch. Nicole erlebte, wie sich Prioritäten verschieben, wenn kleine Kinderhände nach einem greifen und das Zuhause zum Mittelpunkt der Welt wird. Die Anforderungen des Showbusiness blieben, doch sie lernte, ihre Zeit neu zu organisieren. Termine wurden um den Kindergartenplan gelegt, Interviews fanden manchmal zwischen Hausaufgaben und Abendessen statt.

In dieser neuen Lebensphase wurde ihr bewusst, wie wertvoll familiärer Rückhalt ist. Ihre Eltern sprangen ein, wenn sie auf Tournee war oder ein wichtiger Auftritt anstand. Nicole schätzte diese Unterstützung sehr und betonte oft, dass sie ohne ihre Familie vieles nicht hätte stemmen können. Die enge Bindung zu ihren Eltern gab ihr Sicherheit und half ihr, auch in stressigen Zeiten gelassen zu bleiben.

Die Entscheidung, früh Mutter zu werden, betrachtete Nicole im Rückblick als einen der größten Glücksgriffe ihres Lebens. Sie genoss es, mit ihren Töchtern aktiv zu sein, gemeinsam Ausflüge zu unternehmen und ihnen die Welt zu zeigen. Später, als ihre Kinder erwachsen wurden, freute sie sich darüber, eine junge und energiegeladene Großmutter zu sein, die mit ihren Enkeln mithalten konnte.

Das Familienleben war für Nicole stets der Gegenpol zur oft hektischen und oberflächlichen Welt des Showbusiness. Während draußen Blitzlichter flackerten und Fans Autogramme wollten, fand sie zu Hause Ruhe und Geborgenheit. Die alltäglichen Momente – ein gemeinsames Abendessen, ein Spaziergang im Park, das Vorlesen einer Gutenachtgeschichte – wurden zu den wahren Höhepunkten ihres Lebens.

Nicole war überzeugt, dass ihr Familienglück sie geerdet und ihr geholfen habe, auch in schwierigen Zeiten den Blick für das Wesentliche zu behalten. Die Liebe zu ihren Kindern und die Unterstützung ihrer Eltern waren das Fundament, auf dem sie ihre Karriere und ihr Leben aufbaute. So wurde das private Glück zur Kraftquelle, die sie durch alle Höhen und Tiefen des Lebens trug.

---

Ein Toast auf den Sieg 1983 in München. Noch ahnte sie nicht, dass das Leben bald die weitaus schöneren Hauptrollen für sie bereithalten würde.

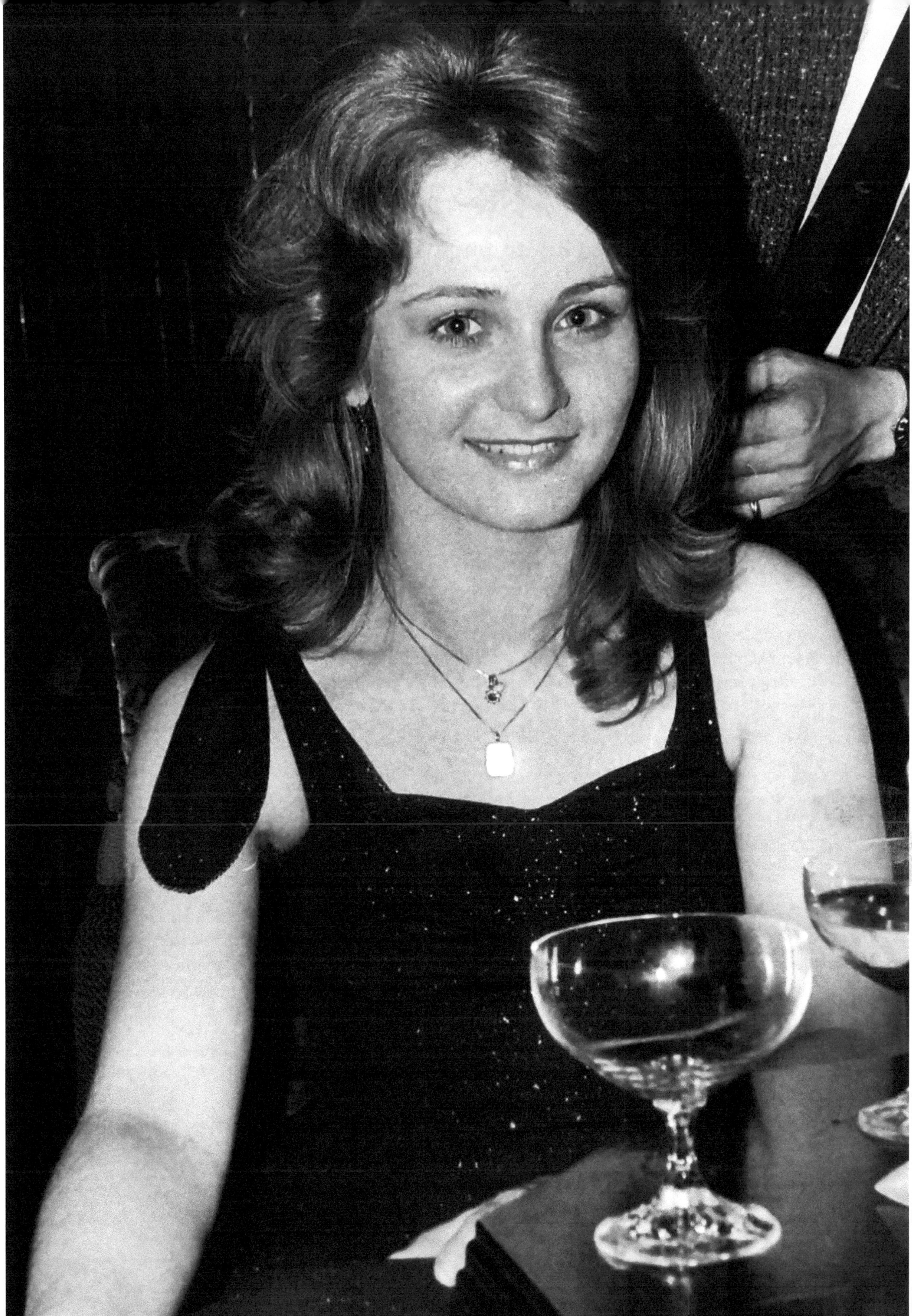

## Der Fels in der Brandung: Winfried als Manager

Verträge, Termine, Verhandlungen – all das lag nun in den Händen von Winfried, Nicoles Ehemann, der nicht nur ihr Partner im Leben, sondern fortan auch ihr Manager war. In einer Welt, in der Misstrauen und Konkurrenz oft den Ton angeben, setzte Nicole auf das, was ihr am wichtigsten war: Vertrauen. Sie entschied sich bewusst gegen die üblichen Branchenmanager, die häufig eigene Interessen verfolgten, und übertrug die Verantwortung für ihre Karriere dem Menschen, der ihr am nächsten stand. Diese Entscheidung war nicht nur mutig, sondern auch weitsichtig.

Winfried übernahm die Rolle des Beschützers mit einer Ernsthaftigkeit, die in der Musikbranche Seltenheitswert hatte. Er schirmte Nicole ab, filterte Anfragen, prüfte Verträge und sorgte dafür, dass sie sich nicht in den Fallstricken des Geschäfts verhedderte. Während andere Künstlerinnen und Künstler immer wieder von Skandalen, Intrigen oder finanziellen Problemen eingeholt wurden, blieb Nicole davon weitgehend verschont. Ihr Ehemann war ihr Fels in der Brandung, der sie vor den rauen Wellen des Showbusiness bewahrte.

Diese enge Verbindung zwischen Privatleben und Beruf war für viele Außenstehende ungewöhnlich, doch für Nicole war sie der Schlüssel zu ihrer Beständigkeit. Sie konnte sich ganz auf ihre Musik konzentrieren, weil sie wusste, dass Winfried im Hintergrund alles regelte. Er war nicht nur ihr Manager, sondern auch ihr Vertrauter, der ihre Wünsche und Ängste kannte und stets in ihrem Sinne handelte.

Die Zusammenarbeit der beiden war geprägt von gegenseitigem Respekt und einer tiefen Loyalität. Nicole musste sich nie verbiegen oder Kompromisse eingehen, die sie nicht vertreten konnte. Sie blieb sich und ihrer künstlerischen Vision treu, weil sie sich auf die Unterstützung ihres Mannes verlassen konnte. Diese Konstellation schuf einen Schutzwall, der sie vor den negativen Einflüssen der Branche bewahrte und ihr half, auch in schwierigen Zeiten Kurs zu halten.

Rückblickend war die Entscheidung, Winfried zum Manager zu machen, das Fundament für Nicoles langanhaltenden Erfolg. Sie konnte sich auf das konzentrieren, was sie am meisten liebte: ihre Musik. Und während um sie herum viele Karrieren an den Herausforderungen des Geschäfts zerbrachen, blieb Nicole standhaft – getragen von einer Partnerschaft, die weit über das Berufliche hinausging.

---

Stets ihr starker Halt im Rampenlicht: Ehemann und Manager Winfried Seibert mit Nicole bei der Verleihung des RTL-Löwen 1986.

RTL

## Ein Zuhause in Nohfelden

Statt sich vom Sog der Großstadt verführen zu lassen, entschied sich Nicole ganz bewusst gegen das Leben im Rampenlicht der Metropolen. Während andere Künstler nach Berlin, München oder gar Los Angeles strebten, blieb sie in der saarländischen Gemeinde Nohfelden-Neunkirchen – ein Schritt, der in der Musikbranche für Verwunderung sorgte. Freunde und Wegbegleiter berichteten, dass Nicole nie das Bedürfnis verspürte, sich in den Trubel der Großstadt zu stürzen. Vielmehr schätzte sie die Vertrautheit ihrer Heimat, die Nähe zu ihrer Familie und den Freunden, die sie seit Kindertagen begleiteten.

In Nohfelden fand Nicole nicht nur ein Haus, sondern ein echtes Zuhause. Die ländliche Idylle, die ruhigen Straßen und die freundlichen Nachbarn boten ihr genau das, was sie nach den aufregenden Jahren des Erfolgs suchte: Normalität. Hier konnte sie morgens ungestört Brötchen holen, im Garten arbeiten oder einfach durch die Wälder spazieren, ohne von Fans oder Paparazzi belagert zu werden. Die Menschen im Ort begegneten ihr mit Respekt, aber auch mit einer wohltuenden Selbstverständlichkeit. Nicole wurde nicht als Star, sondern als Nachbarin und Freundin gesehen.

Ihr Haus wurde zum kreativen und privaten Rückzugsort. Hier konnte sie nicht nur in Ruhe neue Musik schreiben, sondern vor allem einfach Nicole Seibert sein – Tochter, Ehefrau und Mutter. Statt das Gefühl zu haben, auf den roten Teppichen der Welt etwas zu verpassen, fand sie die entscheidende Balance für ihr Leben als Künstlerin genau hier, in der Beständigkeit ihres Alltags.

Auch auf dem Zenit ihres Erfolgs in den 80ern blieb ihr Herz fest in der saarländischen Heimat verwurzelt.

## Die musikalischen 80er: Nach dem großen Hit

Nach dem überwältigenden Triumph von „Ein bißchen Frieden“ stand Nicole vor einer Weggabelung, die viele Künstler nach einem Welterfolg kennen: Sollte sie versuchen, das Erfolgsrezept zu wiederholen, oder mutig neue Wege beschreiten? Ihr Team und sie entschieden sich für Letzteres. Statt sich auf den Lorbeeren auszuruhen, nutzte Nicole die Aufmerksamkeit, um ihr künstlerisches Profil zu schärfen und weiterzuentwickeln. Die Veröffentlichung von „So viele Lieder sind in mir“ markierte den Beginn einer neuen Phase. Hier zeigte sich eine Nicole, die nicht nur von Frieden sang, sondern auch von den vielen Facetten des Lebens, von Sehnsüchten und Träumen, die in ihr schlummerten.

Mit „Gesichter der Liebe“ wagte sie sich an tiefgründigere Themen. Die Lieder spiegelten eine Künstlerin wider, die gewachsen war – persönlich wie musikalisch. Nicole experimentierte mit neuen Arrangements, ließ moderne Einflüsse zu und bewies, dass sie bereit war, sich weiterzuentwickeln. Ihr Publikum honorierte diesen Mut: Die Alben fanden ihren Weg in die Charts, und die Fans blieben ihr treu. Nicole wurde nicht auf einen einzigen Hit reduziert, sondern etablierte sich als feste Größe im deutschen Musikgeschäft.

„Moderne Piraten“ setzte diesen Kurs fort. Die Songs waren abwechslungsreich, die Texte vielschichtig, und Nicole präsentierte sich als Sängerin, die auch vor ungewöhnlichen Themen nicht zurückschreckte. Sie zeigte, dass Schlagermusik mehr sein konnte als eingängige Melodien und einfache Reime. In Interviews ließ sie durchblicken, dass sie sich nie mit dem Status eines One-Hit-Wonders zufriedengeben wollte. Vielmehr sah sie in jedem neuen Album die Chance, sich selbst und ihr Publikum zu überraschen.

Die 80er-Jahre wurden so zu einer Zeit der Konsolidierung. Nicole festigte ihren Ruf als eine der führenden Schlagersängerinnen Deutschlands. Sie bewies Ausdauer, Kreativität und die Fähigkeit, sich immer wieder neu zu erfinden. Während andere Künstler nach einem großen Erfolg oft in der Versenkung verschwanden, gelang es Nicole, ihre Karriere auf ein solides Fundament zu stellen. Ihr Weg zeigte, dass echter Erfolg nicht im einmaligen Triumph liegt, sondern in der Kunst, sich immer wieder neu zu behaupten.

---

Der eigene Triumph als heimisches Videoprogramm: Nicole lässt 1984 ihre große Stunde auf dem Bildschirm Revue passieren.

VHS
SONY

## Erfolg in Fernost: Das Tokyo Yamaha Festival

Ein Auftritt in Tokio, vor einem internationalen Publikum, das aus allen Teilen der Welt angereist war – für Nicole bedeutete diese Bühne eine neue Dimension ihrer Karriere. Der „World Popular Song Festival" galt als musikalisches Schaufenster, in dem sich die besten Stimmen und Komponisten der Welt miteinander maßen. Nicole, die bereits in Europa für Furore gesorgt hatte, stellte sich nun einer Konkurrenz, die nicht nur zahlenmäßig, sondern auch künstlerisch beeindruckte. Mit „So viele Lieder sind in mir", einer gefühlvollen Ballade aus der Feder von Ralph Siegel und Robert Jung, betrat sie 1982 das Rampenlicht – und schaffte es, die Herzen der japanischen Jury und des Publikums im Sturm zu erobern.

Die Atmosphäre im Saal war elektrisierend. Während Nicole sang, war es, als würde ein Hauch von Frieden und Sehnsucht durch die Reihen gehen. Ihr Vortrag war geprägt von einer Intensität, die auch ohne Worte verstanden wurde. Die Konkurrenz war stark, doch Nicole konnte sich behaupten. Ihr Abschneiden wurde in der Musikszene als großer Erfolg gewertet, denn sie hatte sich gegen Künstler aus aller Welt durchgesetzt und bewiesen, dass ihre Musik keine Grenzen kannte.

Der Erfolg in Tokio war mehr als nur eine Trophäe. Er öffnete Nicole die Türen zu einem neuen Markt, der bis dahin für deutsche Künstler kaum zugänglich gewesen war. Plötzlich interessierten sich japanische Medien für sie, und ihre Musik wurde auch in Fernost gespielt. Die universelle Sprache ihrer Lieder, die Emotionen und die Authentizität ihres Vortrags, fanden auch in Japan ein begeistertes Publikum. Nicole selbst empfand diesen Moment als Bestätigung dafür, dass Musik Brücken schlagen kann – unabhängig von Sprache oder Herkunft.

Mit dem Erfolg beim „World Popular Song Festival" festigte Nicole ihren Ruf als internationale Künstlerin. Sie zeigte, dass ihr Erfolg kein Zufall war, sondern das Ergebnis von Talent, harter Arbeit und einer besonderen Gabe, Menschen weltweit zu berühren. Dieser Meilenstein in Tokio wurde zu einem weiteren Kapitel in ihrer außergewöhnlichen Karriere, das ihr nicht nur neue Fans, sondern auch neue Möglichkeiten eröffnete.

---

Mit „Flieg nicht so hoch, mein kleiner Freund" sang sich die junge Nicole 1981 den Weg zum Grand-Prix-Sieg in der japanischen Hauptstadt frei.

## Die Königin der ZDF-Hitparade

Jubelrufe, gespannte Gesichter vor den Fernsehgeräten und ein Millionenpublikum, das gebannt auf die Bühne blickte – die „ZDF-Hitparade" war in den 80er- und frühen 90er-Jahren das Epizentrum der deutschen Musiklandschaft. Für Nicole wurde diese Sendung zum Schauplatz einer beispiellosen Erfolgsgeschichte. Immer wieder stimmten die Zuschauer für sie ab, sodass sie insgesamt 17 Mal den ersten Platz belegte – ein Rekord, der bis heute unerreicht ist und ihre Sonderstellung im deutschen Musikgeschäft eindrucksvoll belegt. Die Bühne der „ZDF-Hitparade" war für Nicole mehr als nur ein Ort des Auftritts; sie war ein vertrautes Terrain, auf dem sie sich mit ihrem Publikum auf Augenhöhe begegnete.

Jeder Auftritt war geprägt von einer besonderen Nähe zu den Menschen, die Woche für Woche für sie anriefen und abstimmten. Nicole verstand es, mit ihrer natürlichen Ausstrahlung und ihren eingängigen Liedern eine Brücke zu schlagen – zwischen sich und den Fans, zwischen Bühne und Wohnzimmer. Die Zuschauer fühlten sich von ihr verstanden, und sie wiederum schöpfte Kraft aus dieser einzigartigen Verbindung. Die Erstplatzierungen waren für sie nicht bloß Trophäen, sondern Zeichen einer tiefen gegenseitigen Wertschätzung. Sie wusste, dass ihr Erfolg nicht allein auf Talent oder Glück beruhte, sondern auf dem Vertrauen und der Treue ihrer Anhänger.

Die „ZDF-Hitparade" war für viele Künstler ein Sprungbrett, für Nicole jedoch wurde sie zur Heimat. Während andere kamen und gingen, blieb sie die Konstante, die das Publikum immer wieder aufs Neue begeisterte. Ihre Lieder, oft geprägt von Hoffnung, Sehnsucht und dem Wunsch nach Frieden, trafen den Nerv der Zeit und spiegelten die Gefühle einer ganzen Generation wider. Die Sendung bot ihr die Möglichkeit, sich immer wieder neu zu präsentieren und musikalisch weiterzuentwickeln, ohne dabei ihre Wurzeln zu verlieren.

So wurde Nicole nicht nur zur Königin der „ZDF-Hitparade", sondern auch zur festen Größe im Herzen der deutschen Fernsehzuschauer. Ihr Erfolg in dieser Kultsendung war mehr als eine Aneinanderreihung von Siegen – er war Ausdruck einer besonderen Beziehung, die bis heute nachhallt.

---

Die Bühne war ihr Thron, das Mikrofon ihr Zepter: Mit solchen Auftritten wurde sie zur Herrscherin der deutschen Charts.

## Die Verwandlung der 90er-Jahre

Mitten im Wandel der Musiklandschaft, als sich die Pop- und Schlagerszene der 90er-Jahre neu erfand, überraschte Nicole mit einer bemerkenswerten Wandlungsfähigkeit. Während viele ihrer Weggefährten aus den 80ern Schwierigkeiten hatten, sich im veränderten Musikklima zu behaupten, schaffte sie es, nicht nur relevant zu bleiben, sondern sich sogar neu zu erfinden. Die Alben „Wenn schon… denn schon" und „Pur" standen sinnbildlich für diese Entwicklung. Hier präsentierte Nicole einen Sound, der moderner und zeitgemäßer wirkte, ohne dabei ihre musikalischen Wurzeln zu verleugnen. Die Arrangements wurden vielschichtiger, die Produktionen mutiger, und auch inhaltlich wagte sie sich an Themen, die zuvor in ihrem Repertoire kaum Platz gefunden hatten.

Besonders prägend für diese Phase war Nicoles Entschluss, sich nicht länger ausschließlich auf externe Songwriter zu verlassen. Sie begann, selbst an ihren Liedern mitzuschreiben, und öffnete damit ein neues Kapitel ihrer Karriere. Dieser Schritt bedeutete weit mehr als nur eine Erweiterung ihres künstlerischen Handwerkszeugs – er war Ausdruck einer neuen Selbstbestimmtheit. Nicole verlieh ihren Songs eine persönliche Handschrift, die in jeder Zeile spürbar wurde. Die Texte gewannen an Tiefe, erzählten von eigenen Erfahrungen, Sehnsüchten und Beobachtungen. Sie zeigte, dass sie nicht nur Interpretin, sondern auch Geschichtenerzählerin war.

Die Fans reagierten positiv auf diese Entwicklung. Viele empfanden die neuen Lieder als authentischer und nahbarer. Nicole selbst beschrieb diesen Prozess als eine Art Befreiung, die ihr erlaubte, ihre Gedanken und Gefühle direkter auszudrücken. Die Arbeit an eigenen Texten forderte sie heraus, brachte sie aber auch künstlerisch weiter. Sie musste sich mit sich selbst auseinandersetzen, reflektieren, was sie wirklich sagen wollte, und den Mut aufbringen, sich auch verletzlich zu zeigen.

In einer Zeit, in der musikalische Trends schnell wechselten und das Publikum nach Neuem verlangte, bewies Nicole, dass Beständigkeit und Innovation kein Widerspruch sein müssen. Sie blieb sich treu, ohne stehenzubleiben, und zeigte, dass künstlerische Weiterentwicklung auch nach großen Erfolgen möglich ist. Die 90er-Jahre wurden so zu einer Dekade, in der Nicole nicht nur als Sängerin, sondern auch als Songschreiberin und Persönlichkeit wuchs.

---

Schlagersängerin Nicole um 1984: Noch ahnte niemand, wie grundlegend das nächste Jahrzehnt die deutsche Musik- und Modelandschaft umkrempeln würde.

## Die Frau ohne Skandale

Skandale, Affären oder öffentliche Zerwürfnisse – all das suchte man bei Nicole vergeblich. Während andere Stars regelmäßig mit privaten Eskapaden für Schlagzeilen sorgten, blieb sie stets ein Fels in der Brandung. Die Medien, immer auf der Jagd nach Sensationen, mussten sich bei ihr mit musikalischen Erfolgen und professionellen Auftritten begnügen. Nicole schaffte es, ihr Privatleben so konsequent abzuschirmen, dass selbst hartnäckige Reporter kaum mehr als höfliche Floskeln zu hören bekamen. Sie ließ sich nicht provozieren, gab keine intimen Details preis und zeigte sich in Interviews stets freundlich, aber bestimmt, wenn es um persönliche Fragen ging.

Diese Haltung war keineswegs selbstverständlich, denn der Druck, sich zu öffnen, war enorm. Viele Künstlerinnen und Künstler gaben irgendwann dem Drängen der Öffentlichkeit nach, ließen sich auf Homestorys ein oder nutzten private Geschichten zur Imagepflege. Nicole hingegen blieb sich treu. Sie erklärte, dass sie sich selbst als „fast schon zu langweilig für die Presse" empfand – eine Einschätzung, die sie mit einem Augenzwinkern vortrug, aber durchaus ernst meinte. Für sie war es wichtiger, als Künstlerin und Mensch respektiert zu werden, als mit Skandalen im Gespräch zu bleiben.

Die Stabilität ihrer Ehe und die Harmonie in ihrer Familie galten in der Branche als kleine Sensation. Während andere Beziehungen unter dem Druck des Rampenlichts zerbrachen, hielten Nicole und ihr Mann zusammen. Sie schafften es, ihre Liebsten aus dem Scheinwerferlicht herauszuhalten und ihnen ein normales Leben zu ermöglichen. Diese Beständigkeit war das Ergebnis klarer Prioritäten und einer bewussten Abgrenzung von der Öffentlichkeit. Nicole wusste, dass echter Respekt und Glaubwürdigkeit nicht durch laute Schlagzeilen, sondern durch leise Konsequenz entstehen.

Mit dieser Haltung erwarb sie sich eine besondere Stellung im Showgeschäft. Kolleginnen und Kollegen schätzten ihre Integrität, Fans bewunderten ihre Bodenständigkeit. Die Medien mussten anerkennen, dass es auch ohne Skandale möglich war, über Jahrzehnte erfolgreich zu bleiben. Nicole wurde zum Beweis dafür, dass Normalität und Beständigkeit in einer lauten Welt nicht langweilig, sondern bewundernswert sein können. Ihr Lebensweg zeigte, dass man auch ohne Drama und Skandale zu einer echten Ausnahmeerscheinung werden kann.

---

Die Presse suchte vergeblich nach Gerüchten. Die wichtigste Schlagzeile schrieb Nicole 1984 selbst an die Tafel: Ihr bestandenes Abitur.

Singen Show bis
Juni
Abitur '84

## Goldene Stimmgabeln in Serie

Elfmal wurde Nicole mit der „Goldenen Stimmgabel“ ausgezeichnet – ein Rekord, der nicht nur in ihrer Trophäensammlung glänzt, sondern vor allem ein Spiegelbild der tiefen Verbundenheit zwischen ihr und ihrem Publikum ist. Während andere Preise oft von Fachjurys oder Bracheninsidern vergeben werden, ist die „Goldene Stimmgabel“ ein direktes Echo der Zuhörer, ein Gradmesser für echte Popularität. Jahr für Jahr stimmten die Menschen für Nicole ab, weil ihre Lieder sie berührten, weil sie sich in ihren Texten und Melodien wiederfanden. Es war, als würde das Publikum ihr immer wieder aufs Neue versichern, dass ihre Musik ein fester Bestandteil ihres Lebens geworden war.

Die elf Auszeichnungen stehen für elf Jahre, in denen Nicole nicht nur musikalisch präsent war, sondern auch emotional eine Konstante für viele Menschen darstellte. In einer Branche, in der Trends kommen und gehen, in der Künstler oft nur für einen Sommer im Rampenlicht stehen, gelang es Nicole, über ein Jahrzehnt hinweg die Herzen der Zuhörer zu gewinnen. Die „Goldene Stimmgabel“ war dabei mehr als nur ein Preis – sie war ein Symbol für Beständigkeit, für Vertrauen und für die Kraft, Menschen mit Musik zu verbinden.

Jede Verleihung war ein besonderer Moment, der Nicole zeigte, dass ihre Arbeit geschätzt wurde. Sie selbst soll oft betont haben, wie sehr sie diese Auszeichnung als Wertschätzung empfand, weil sie direkt von den Menschen kam, für die sie sang. Es war ein Dialog ohne Worte: Die Fans dankten ihr für ihre Musik, und Nicole antwortete mit neuen Liedern, mit Auftritten, mit Nähe und Authentizität.

Die Serie der „Goldenen Stimmgabeln“ ist auch ein Beweis dafür, dass Nicoles Musik nicht an kurzlebige Moden gebunden war. Ihre Lieder begleiteten die Menschen durch verschiedene Lebensphasen, wurden zu Soundtracks von Erinnerungen, Festen und besonderen Momenten. Die Auszeichnungen dokumentieren eine Karriere, die nicht auf schnellen Ruhm, sondern auf nachhaltige Wirkung setzte. So wurde die „Goldene Stimmgabel“ für Nicole zu einem Symbol ihrer ganz eigenen Erfolgsgeschichte – getragen von der Treue und Begeisterung ihres Publikums, das ihr immer wieder aufs Neue seine Stimme schenkte.

---

Der schönste Lohn für ihre Stimme: Sängerin Nicole sichtet 1984 mit ihren Eltern die Berge an begeisterter Fanpost in ihrem Zuhause im Saarland.

## Weihnachten mit Nicole

Wenn die ersten Schneeflocken fielen und die Straßen in festlichem Glanz erstrahlten, erklangen in vielen Wohnzimmern die sanften Melodien von Nicoles Weihnachtsalben. Ihre Stimme, die sonst für Optimismus und Lebensfreude stand, verwandelte sich in diesen besonderen Produktionen in ein Instrument der Besinnlichkeit. Mit „Weihnachten mit Nicole“ und „Christmas Songs“ gelang es ihr, die Magie der Adventszeit einzufangen und musikalisch zu transportieren. Für zahlreiche Familien wurde sie damit zu einer festen Begleiterin durch die festlichen Wochen – ihre Lieder liefen beim Plätzchenbacken, beim Schmücken des Baumes und am Heiligabend selbst.

Nicole nutzte diese Alben, um eine andere Facette ihrer Persönlichkeit zu zeigen. Die Themen Glaube, Hoffnung und Familie, die ihr privat stets wichtig waren, fanden in ihren Weihnachtsliedern einen besonders authentischen Ausdruck. Sie interpretierte sowohl klassische Weihnachtslieder als auch moderne Kompositionen mit einer Klarheit und Wärme, die Zuhörer aller Generationen berührte. Ihre Arrangements waren nie überladen, sondern setzten auf eine feierliche, aber intime Atmosphäre, die das Gefühl von Geborgenheit und Zusammenhalt vermittelte.

Gerade in einer Zeit, in der Hektik und Konsum oft die Oberhand gewinnen, schaffte Nicole es, mit ihren Liedern einen Gegenpol zu setzen. Sie erinnerte daran, worum es an Weihnachten wirklich geht: um das Miteinander, um Hoffnung und um die kleinen, stillen Momente des Glücks. Viele Hörer berichteten, dass ihre Musik für sie zum festen Bestandteil der Feiertage geworden sei – ein Ritual, das von Generation zu Generation weitergegeben wurde.

Die Weihnachtsalben stärkten zudem Nicoles Verbindung zu ihrem Publikum. Ihre Stimme wurde zum vertrauten Klang, der Erinnerungen weckte und neue schuf. Ob Kinder, Eltern oder Großeltern – alle fanden sich in ihren Liedern wieder. So wurde Nicole nicht nur zur Sängerin der großen Bühnen, sondern auch zur musikalischen Begleiterin in den Wohnzimmern, zur Stimme, die das Fest mit Wärme und Gefühl erfüllte. Ihre Weihnachtsmusik ist bis heute ein Beweis dafür, wie sehr sie es verstand, Menschen zu berühren und ihnen in besonderen Momenten ein Stück Frieden zu schenken.

---

Eine vorweihnachtliche Bescherung für Nicole: An der Seite von DJ Ötzi strahlt sie über ihre goldene Stimmgabel.

## Die Bodenständigkeit des Stars

Perfektion bis ins kleinste Detail – so könnte man Nicoles Umgang mit ihrem Zuhause und ihren Gästen beschreiben. Wer das Glück hat, an ihrem Tisch Platz zu nehmen, bemerkt sofort: Hier wird nichts dem Zufall überlassen. Das Besteck liegt nicht nur ordentlich, sondern folgt einer fast schon künstlerischen Präzision. Die Messerschneide zeigt stets nach innen, der Abstand zwischen Gabel und Messer ist exakt bemessen. Freunde und Familie berichten schmunzelnd, dass Nicole selbst bei spontanen Besuchen darauf achtet, dass alles seine Ordnung hat. Diese Liebe zur Struktur ist jedoch weit mehr als eine Marotte – sie spiegelt eine innere Haltung wider, die sich durch ihr ganzes Leben zieht.

Disziplin ist für Nicole kein leeres Wort, sondern ein gelebtes Prinzip. Nach der Geburt ihrer Tochter fasste sie einen Entschluss, der für viele undenkbar wäre: Sie verzichtete über 34 Jahre lang konsequent auf Süßigkeiten. Nicht aus Zwang, sondern aus dem Wunsch heraus, sich selbst und ihrem Körper etwas Gutes zu tun. Diese Willensstärke beeindruckt nicht nur ihr Umfeld, sondern ist auch ein Grundpfeiler ihres Erfolgs. Nicole selbst betont, dass es ihr nie schwergefallen sei, weil sie das Ziel immer klar vor Augen hatte. Es ist diese Konsequenz, die sie sowohl im Privaten als auch im Beruflichen auszeichnet.

Trotz aller Disziplin verliert Nicole nie den Blick für die kleinen Freuden des Alltags. Sie schätzt es, mit ihrer Familie Zeit zu verbringen, gemeinsam zu kochen oder einfach einen Spaziergang zu machen. Für sie sind es diese einfachen Momente, die das Leben lebenswert machen. Ihr Familiensinn ist tief verwurzelt und gibt ihr Halt, auch in turbulenten Zeiten. Freunde beschreiben sie als warmherzig, humorvoll und bodenständig – Eigenschaften, die in der oft hektischen Welt des Showbusiness selten geworden sind.

Das wahre Geheimnis von Nicoles Ausgeglichenheit liegt in der Balance zwischen Disziplin und Lebensfreude. Sie schafft es, klare Prinzipien zu leben, ohne dabei an Herzlichkeit zu verlieren. Ihr Erfolg ist kein Zufall, sondern das Ergebnis einer Haltung, die auf Wertschätzung, Konsequenz und Liebe zum Detail basiert. Wer Nicole abseits der Bühne erlebt, begegnet einer Frau, die weiß, was sie will, und dabei nie vergisst, das Leben zu genießen.

---

Im Rampenlicht der Goldenen Stimmgabel: Nicole überzeugte stets mehr durch ihre aufrichtige Nähe als durch den äußeren Glanz der Showbühne.

## Ehrenbürgerin von Nohfelden

Mitten im Trubel internationaler Erfolge und glanzvoller Auftritte erhielt Nicole eine Auszeichnung, die für sie einen ganz besonderen Stellenwert hatte: Die Ernennung zur Ehrenbürgerin von Nohfelden. Während andere Künstler nach Weltruhm oft in die Ferne schweifen, blieb Nicole ihrer Heimat stets treu. Die Gemeinde, in der sie aufwuchs, war für sie nie nur ein Ort auf der Landkarte, sondern ein Stück Identität, das sie durch alle Höhen und Tiefen ihres Lebens begleitete. Die Menschen in Nohfelden erlebten hautnah mit, wie aus dem schüchternen Mädchen mit der Gitarre ein international gefeierter Star wurde – und doch blieb Nicole immer „eine von uns", wie viele im Ort betonten.

Die Verleihung der Ehrenbürgerwürde war daher weit mehr als eine offizielle Geste. Sie spiegelte die tiefe gegenseitige Wertschätzung wider, die zwischen Nicole und ihrer Gemeinde gewachsen war. Die Verantwortlichen betonten, dass nicht nur ihre musikalischen Erfolge, sondern vor allem ihre Bodenständigkeit und ihr Engagement für die Region den Ausschlag gaben. Nicole habe, so wurde es oft gesagt, nie vergessen, wo ihre Wurzeln liegen. Sie unterstützte lokale Projekte, engagierte sich für soziale Belange und war bei Festen und Veranstaltungen präsent, wann immer es ihr Terminkalender zuließ.

Für Nicole selbst war diese Ehrung ein emotionaler Höhepunkt. Sie empfand die Auszeichnung als eine der wertvollsten ihrer Karriere, weil sie von den Menschen kam, die sie am längsten kannten und begleiteten. In Interviews ließ sie durchblicken, dass ihr die Anerkennung aus der eigenen Gemeinde mehr bedeutete als so mancher internationale Preis. Es sei ein Zeichen dafür, dass sie trotz aller Erfolge und Reisen immer Teil der Gemeinschaft geblieben sei.

Die Ehrenbürgerwürde von Nohfelden wurde so zu einem Symbol für die enge Verbindung zwischen Nicole und ihrer Heimat. Sie zeigte, dass wahre Größe nicht darin liegt, sich von seinen Wurzeln zu entfernen, sondern sie zu bewahren und zu pflegen. Für die Menschen in Nohfelden war Nicole nicht nur der Star auf der Bühne, sondern auch die Nachbarin, die Freundin, die Vertraute – und für Nicole selbst war diese Rolle vielleicht die schönste von allen.

---

Ein Star mit Bodenhaftung: Ihre größte Würdigung erfuhr die Sängerin nicht auf der Bühne, sondern in ihrer saarländischen Heimatgemeinde.

## Mitten ins Herz: Die Unplugged-Tour

Mitten im Scheinwerferlicht, aber ohne das übliche Glitzern und die aufwendigen Effekte, präsentierte Nicole 2008 und 2009 eine ganz neue Facette ihres künstlerischen Schaffens. Die Entscheidung, ihre Tournee zum Album „Mitten ins Herz" ausschließlich im Unplugged-Format zu gestalten, war ein mutiger Schritt, der sowohl Fans als auch Kritiker überraschte. Statt auf große Arrangements und technische Raffinessen zu setzen, vertraute sie auf die pure Kraft ihrer Stimme und die Authentizität handgemachter Musik. Begleitet wurde sie dabei lediglich von einer kleinen, sorgfältig ausgewählten Band, die den intimen Charakter der Konzerte unterstrich.

Nicole zeigte sich auf dieser Tour nicht nur als Sängerin, sondern auch als vielseitige Musikerin. Sie griff selbst zum Akkordeon und zur Cajón, einem Percussion-Instrument, und bewies damit eindrucksvoll, wie sehr sie in ihrer Musik aufgeht. Die akustischen Arrangements ließen die Songs in einem neuen Licht erscheinen. Ohne elektronische Verstärkung und Studioeffekte rückten die Melodien und Texte in den Mittelpunkt, wodurch die emotionale Tiefe ihrer Lieder noch deutlicher spürbar wurde. Das Publikum erlebte die Künstlerin so nah und unverfälscht wie selten zuvor.

Die Atmosphäre während der Konzerte war geprägt von einer besonderen Nähe zwischen Nicole und ihren Zuhörern. Die reduzierte Instrumentierung schuf Raum für leise Töne, für Zwischentöne und für die kleinen Gesten, die im großen Showbetrieb oft untergehen. Viele Besucher berichteten, dass sie sich von der Musik direkt angesprochen fühlten, als würde Nicole nur für sie allein singen. Die Künstlerin selbst betonte, wie sehr sie diese direkte Verbindung zum Publikum schätze und wie befreiend es sei, sich ganz auf das Wesentliche konzentrieren zu können.

Der Erfolg der Tournee bestätigte, dass Nicoles Musik auch ohne aufwendige Inszenierung ihre Wirkung nicht verliert – im Gegenteil: Die Lieder gewannen an Intensität und Authentizität. Die Rückkehr auf die Bühne in dieser Form wurde von Fans und Medien gleichermaßen gefeiert. Es zeigte sich, dass wahre musikalische Größe nicht von Effekten abhängt, sondern von der Fähigkeit, Menschen mit ehrlichen Gefühlen und handwerklichem Können zu berühren. So wurde die Unplugged-Tour zu einem weiteren Höhepunkt in Nicoles Karriere und zu einem eindrucksvollen Beweis für die zeitlose Kraft ihrer Musik.

---

Gefühl pur statt technischer Effekte: In Eisenach trifft Nicole auch bei der MDR-Show „Musik für Sie" mitten in die Seele des Publikums.

## Die Kirchentour: Glaube und Musik

Stille, die durch die hohen Gewölbe hallte, und ein Publikum, das nicht nur gekommen war, um Musik zu hören, sondern um gemeinsam zu fühlen – genau das machte Nicoles Kirchentour ab 2009 zu einem außergewöhnlichen Erlebnis. Die Entscheidung, ihre Lieder in Kirchen zu präsentieren, war für sie mehr als nur ein künstlerischer Schritt; es war eine bewusste Hinwendung zu den Wurzeln ihres Glaubens und zu einer Atmosphäre, in der ihre Musik eine neue Tiefe gewinnen konnte. Die ehrwürdigen Mauern, das gedämpfte Licht und die besondere Akustik der Gotteshäuser verliehen ihren Auftritten eine fast magische Aura.

Nicole spürte, dass ihre Songs über Glaube, Hoffnung und Liebe in dieser Umgebung eine andere Wirkung entfalteten. Die Themen Trauer und Verlust, die in einigen ihrer Lieder anklingen, bekamen in der Stille der Kirchen eine neue Bedeutung. Sie selbst empfand diese Konzerte als Momente der Einkehr, in denen sie nicht nur ihre Musik, sondern auch ihre Überzeugungen mit den Menschen teilen konnte. Die Nähe zum Publikum war spürbar, die Distanz zwischen Bühne und Zuhörern schien aufgehoben. Viele Besucher berichteten später, dass sie sich von Nicoles Auftritten tief berührt fühlten, als hätte sie für jeden Einzelnen gesungen.

Die Kirchentour war für Nicole auch eine Gelegenheit, sich selbst zu reflektieren und Kraft zu schöpfen. Sie betonte immer wieder, wie wichtig ihr der persönliche Glaube sei und dass er ihr in schwierigen Zeiten Halt gegeben habe. In den Kirchen konnte sie diese Seite von sich zeigen, ohne große Showeffekte, ganz reduziert auf Stimme, Musik und Botschaft. Die Lieder wurden zu Gebeten, die Melodien zu Brücken zwischen den Menschen.

Für viele ihrer Fans waren diese Konzerte unvergesslich. Sie erlebten Nicole nicht nur als Künstlerin, sondern als Mensch, der mit ihnen lachte, weinte und hoffte. Die Kirchentour wurde so zu einem Symbol für die Kraft der Musik, Menschen zu verbinden und Trost zu spenden. Nicole gelang es, mit ihrer Authentizität und ihrem Glauben Räume zu schaffen, in denen sich jeder willkommen und verstanden fühlen konnte. Diese besondere Konzertreihe zeigte eindrucksvoll, wie Musik und Spiritualität sich gegenseitig bereichern und wie Nicole es verstand, beides auf einzigartige Weise zu vereinen.

---

Sie kann nicht nur mit Liedern predigen: Sängerin Nicole feiert das 50-jährige Jubiläum ihres Plattenlabels Ariola auf der Veranstaltung in München.

## 30 Jahre mit Leib und Seele: Das Jubiläum

Drei Jahrzehnte im Rampenlicht – ein Jubiläum, das nicht nur in Zahlen beeindruckte, sondern auch in seiner emotionalen Tiefe. 2010 markierte für Nicole einen ganz besonderen Höhepunkt ihrer Karriere: 30 Jahre auf der Bühne, 30 Jahre voller Musik, Leidenschaft und unvergesslicher Momente. Die Veröffentlichung der Doppel-CD und DVD „30 Jahre mit Leib und Seele" war dabei weit mehr als ein gewöhnliches Best-of-Album. Vielmehr handelte es sich um eine musikalische Autobiografie, die Nicoles künstlerische Entwicklung in all ihren Facetten widerspiegelte.

Die Zusammenstellung führte die Hörer auf eine Reise durch die Zeit – von den ersten, noch jugendlichen Aufnahmen, die von einer unbeschwerten Leichtigkeit geprägt waren, bis hin zu den reifen, nachdenklichen Werken der späteren Jahre. Jeder Song erzählte ein Stück ihrer Geschichte, ließ Erinnerungen an große Erfolge, aber auch an leise, persönliche Momente aufleben. Die Auswahl der Lieder zeigte, wie Nicole es verstand, sich immer wieder neu zu erfinden, ohne dabei ihre Authentizität zu verlieren. Ihre Musik blieb stets ehrlich, nahbar und voller Gefühl – Eigenschaften, die sie zu einer der beliebtesten Künstlerinnen Deutschlands machten.

Das Jubiläum war für Nicole nicht nur Anlass zum Feiern, sondern auch ein Moment der Reflexion. Sie blickte dankbar auf die vielen Stationen ihres Weges zurück: auf den Durchbruch mit „Ein bisschen Frieden", auf die zahlreichen Auszeichnungen und auf die treue Fangemeinde, die sie über all die Jahre begleitet hatte. In Interviews betonte sie, wie sehr sie die Unterstützung ihres Publikums schätze und dass jeder einzelne Song ein Teil ihres Lebens sei. Die Veröffentlichung der Jubiläums-Kompilation wurde von einer Welle der Anerkennung begleitet – Fans und Medien würdigten die Ausnahmekünstlerin, die es geschafft hatte, über Jahrzehnte hinweg relevant und erfolgreich zu bleiben.

Die DVD ergänzte die musikalische Zeitreise um bewegende Bilder: Konzertmitschnitte, Backstage-Einblicke und persönliche Worte von Nicole selbst. So entstand ein vielschichtiges Porträt, das nicht nur die Künstlerin, sondern auch den Menschen Nicole zeigte. Das 30-jährige Bühnenjubiläum wurde so zu einem Fest der Erinnerungen, das die Vergangenheit ehrte und zugleich den Blick nach vorn richtete. Für Nicole war es ein weiterer Beweis dafür, dass Musik Brücken baut – zwischen den Zeiten, den Generationen und den Herzen der Menschen.

---

Voller Leidenschaft bei Carmen Nebel 2010: Sängerin Nicole Seibert zeigt auch nach Jahrzehnten im Rampenlicht, was es heißt, für die Musik zu brennen.

## 50 ist das neue 25: Eine Lebensphilosophie

Mit „50 ist das neue 25" setzte Nicole ein kraftvolles Statement, das weit über die Musik hinausreichte. Schon kurz nach der Veröffentlichung des Albums wurde der Titel zum geflügelten Wort, das in Talkshows, Magazinen und Alltagsgesprächen immer wieder zitiert wurde. Nicole hatte damit einen Nerv getroffen: Sie sprach offen und selbstbewusst über das Älterwerden, ein Thema, das viele Menschen beschäftigt, aber selten so lebensbejahend und humorvoll behandelt wird. Ihre Botschaft war eindeutig: Das Leben nach fünfzig ist keineswegs ein Abstieg, sondern vielmehr ein Aufbruch zu neuen Ufern, voller Energie, Freude und ungeahnter Möglichkeiten.

Nicole selbst verkörperte diese Haltung mit jeder Faser ihres Seins. Sie betonte, dass sie sich selten so wohl, ausgeglichen und kraftvoll gefühlt habe wie in diesem Lebensabschnitt. Für sie war das Alter keine Last, sondern ein Geschenk – eine Zeit, in der man auf Erfahrungen zurückblicken, aber auch mutig nach vorne schauen kann. Mit „50 ist das neue 25" wollte sie nicht nur sich selbst feiern, sondern vor allem anderen Frauen und Männern Mut machen, die magische Zahl 50 nicht zu fürchten. Sie zeigte, dass Selbstbewusstsein, Lebensfreude und Neugier keine Frage des Geburtsdatums sind.

Die Lieder des Albums spiegelten diese positive Grundhaltung wider. Sie erzählte in ihren Songs von Aufbruch, von neuen Chancen und davon, wie wichtig es ist, sich selbst treu zu bleiben. Nicole wurde mit dieser Einstellung erneut zur Identifikationsfigur für eine ganze Generation, die sich in ihren Texten und ihrer Lebensfreude wiederfand. Viele Fans berichteten, dass sie durch Nicoles Musik und ihre offene Art einen neuen Blick auf das Älterwerden gewonnen hätten.

Mit „50 ist das neue 25" gelang es Nicole, ein gesellschaftliches Tabu zu entkräften und das Thema Alter mit Leichtigkeit und Optimismus zu besetzen. Sie zeigte, dass das Leben in der zweiten Hälfte nicht weniger spannend, sondern oft sogar erfüllender sein kann. Ihre positive Botschaft hallte weit über die Musikszene hinaus und inspirierte viele, das eigene Alter als Chance zu begreifen – ganz im Sinne von Nicoles Lebensphilosophie: Entscheidend ist nicht die Zahl, sondern die innere Einstellung.

---

Mit der Erfahrung von Jahrzehnten und der Energie einer Newcomerin: Nicole bei der Schlagernacht des Jahres 2010 in der O2 World Berlin.

## Stilles Engagement: Die Welthungerhilfe

Ein Kamerateam begleitete Nicole auf einer ihrer Reisen für die Welthungerhilfe – und plötzlich wurde sichtbar, was sie sonst lieber im Verborgenen tat: Sie besuchte Projekte, sprach mit Betroffenen, hörte zu und brachte ihre Unterstützung nicht nur in Form von Spenden, sondern auch durch ihre Präsenz zum Ausdruck. Nicole war überzeugt, dass ihre Popularität eine Verantwortung mit sich brachte. Sie wollte nicht nur auf der Bühne stehen, sondern auch ihre Stimme für diejenigen erheben, die keine eigene Plattform hatten. So nutzte sie Interviews, Fernsehauftritte und ihre Social-Media-Kanäle, um auf Missstände aufmerksam zu machen und Menschen zum Mithelfen zu bewegen.

Die Zusammenarbeit mit der Welthungerhilfe war für Nicole mehr als ein wohltätiges Engagement – sie empfand es als persönliche Verpflichtung. Sie berichtete, dass sie sich immer wieder vor Augen führte, wie viel Glück sie selbst im Leben gehabt habe. Gerade deshalb sei es ihr wichtig, einen Teil davon weiterzugeben. Ihr Engagement beschränkte sich dabei nicht auf finanzielle Unterstützung. Sie besuchte regelmäßig Projekte vor Ort, um sich ein eigenes Bild zu machen und die Menschen kennenzulernen, denen geholfen wurde. Diese Begegnungen berührten sie tief und motivierten sie, sich weiterhin einzusetzen.

Ihr soziales Engagement blieb lange Zeit im Hintergrund, weil sie der Meinung war, dass echte Hilfe keine große Bühne brauche. Doch mit der Zeit erkannte sie, dass ihre Bekanntheit ein wertvolles Werkzeug sein konnte, um Aufmerksamkeit zu schaffen und Menschen zu inspirieren. So wurde aus stillem Engagement eine sichtbare Mission, die Nicole mit Herz und Überzeugung verfolgte. Ihr Wunsch, von ihrem eigenen Glück etwas zurückzugeben, prägte nicht nur ihr Handeln, sondern auch das Bild, das viele Menschen von ihr hatten: eine Künstlerin mit großem Herzen und echter Anteilnahme.

---

Auf der Bühne eine laute Stimme für den Frieden, abseits davon ein leiser, aber kraftvoller Einsatz für eine Welt ohne Hunger.

## Herz für Kinder: Das Kinderhospiz Saar

Die Schicksale der Familien, die vom Kinderhospiz- und Palliativteam Saar betreut werden, trafen Nicole mitten ins Herz. Die Geschichten von den Kindern und ihren Angehörigen aus ihrer Heimat, dem Saarland, ließen sie nicht mehr los. Für Nicole war sofort klar, dass bloße Anteilnahme aus der Ferne nicht genügte. Es war mehr als eine Geste, es war ein innerer Ruf, der aus einer tiefen Überzeugung erwuchs: Wer wie sie in der Öffentlichkeit steht und die Möglichkeit hat, etwas zu bewirken, trägt eine besondere Verantwortung.

So nutzte Nicole ihre Stimme ganz bewusst, um jenen Gehör zu verschaffen, die oft im Stillen leiden. In jedem Gespräch, in jedem Interview spürte man ihre persönliche Betroffenheit. Sie beschrieb nicht nur die unschätzbare Arbeit des Vereins, sondern gab den Herausforderungen der Familien ein Gesicht. Dabei war ihre Botschaft immer klar: Es geht nicht allein um finanzielle Mittel, sondern vielmehr um Aufmerksamkeit, um ein Gefühl der Gemeinschaft und darum, den Familien zu zeigen, dass sie in ihren schwersten Stunden nicht allein sind.

Doch ihr Engagement ging weit über die öffentliche Bühne hinaus. Die Besuche im Hospiz selbst waren es, die sie am tiefsten prägten. Es waren die Momente, in denen sie nicht die Künstlerin, sondern einfach nur Nicole war: wenn sie am Bett eines Kindes saß, lachte und für einen Augenblick die Sorgen vertrieb, wenn sie einer Mutter zuhörte, deren Kraft zu schwinden drohte, oder dem Team für seine aufopferungsvolle Arbeit von Herzen dankte. Es ging ihr nie darum, nur ein prominentes Aushängeschild zu sein. Sie wollte da sein, anpacken und die Last für einen kurzen Augenblick mittragen.

Genau in diesen stillen, persönlichen Begegnungen, fernab der Scheinwerfer, offenbarte sich der Kern ihres Wesens. Hier zeigte sich der Mensch Nicole, der seine Bekanntheit nicht für sich selbst, sondern als Werkzeug für andere einsetzte. Ihr Engagement war getragen von einer authentischen Herzlichkeit und dem tiefen Wunsch, das Leben der betroffenen Familien zumindest ein kleines Stück heller zu machen. So wurde sie für viele zu einer Hoffnungsträgerin – nicht nur als Sängerin auf der Bühne, sondern als Mensch mit einem großen Herzen an ihrer Seite.

---

Eine kraftvolle Stimme für die tapfersten Helden: Sängerin Nicole schenkt mit ihrer Musik Hoffnung und unbeschwerte Momente.

## Der Hans-Rosenthal-Ehrenpreis 2023

Tränen der Rührung standen Nicole in den Augen, als sie im festlichen Saal den Hans-Rosenthal-Ehrenpreis entgegennahm. Die Laudatio hob nicht nur ihre musikalischen Erfolge hervor, sondern vor allem ihr jahrzehntelanges Engagement für Menschen in Not. Viele im Publikum wussten bis zu diesem Moment kaum, wie viel Zeit und Herzblut Nicole abseits der Bühne in wohltätige Projekte investiert hatte. Sie hatte sich nie in den Vordergrund gedrängt, wenn es um ihr soziales Wirken ging. Vielmehr war es ihr stets ein Bedürfnis gewesen, im Stillen zu helfen – sei es durch Besuche bei schwerkranken Kindern, durch Benefizkonzerte oder durch ihre Unterstützung für Organisationen wie die Welthungerhilfe und Initiativen gegen Kindesmissbrauch.

Die Auszeichnung war für Nicole mehr als eine Trophäe. Sie empfand sie als Anerkennung für all jene, die tagtäglich im Verborgenen Gutes tun. In ihrer Dankesrede betonte sie, dass sie den Preis stellvertretend für viele andere annehme, die sich mit Herz und Verstand für Schwächere einsetzen. Besonders bewegend war ihr Entschluss, das mit dem Preis verbundene Preisgeld von 10.000 Euro nicht für sich zu behalten, sondern es direkt an zwei Herzensprojekte weiterzugeben: den Verein „Sterneneltern Saarland", der Familien nach dem Verlust eines Kindes begleitet, und das „Kinderhospiz- und Palliativteam Saar", das unheilbar kranke Kinder und deren Angehörige unterstützt.

Für Nicole war dieser Moment ein öffentlicher Höhepunkt ihres privaten Lebenswerks der Nächstenliebe. Sie sah die Bühne nicht nur als Ort für Musik, sondern auch als Plattform, um auf Missstände aufmerksam zu machen und Hoffnung zu schenken. Die Reaktionen auf die Preisverleihung waren überwältigend: Fans, Wegbegleiter und Vertreter der unterstützten Vereine zeigten sich tief beeindruckt von ihrer Bescheidenheit und Konsequenz. Viele betonten, dass Nicoles Engagement ein Vorbild sei und Mut mache, selbst aktiv zu werden.

So wurde der Hans-Rosenthal-Ehrenpreis für Nicole nicht nur zur Würdigung ihrer bisherigen Taten, sondern auch zum Ansporn, weiterhin Verantwortung zu übernehmen. Sie zeigte, dass wahre Größe nicht im Rampenlicht entsteht, sondern im stillen, beharrlichen Einsatz für andere.

---

Das ist spitze! Für ihre beeindruckende Haltung und ihr großes Herz geehrt, begeistert Nicole hier bei „Immer wieder sonntags" am 7. Mai 2023.

## Dezember 2020: Die Welt bleibt stehen

Ein einziger Moment reichte aus, um alles zu verändern: Die Diagnose Brustkrebs traf Nicole im Dezember 2020 wie ein Donnerschlag. Während draußen die Welt im Ausnahmezustand war, wurde ihr persönliches Leben von einer noch viel größeren Unsicherheit erschüttert. Zwei aggressive Tumore in ihrer rechten Brust – diese Worte der Ärzte ließen für sie die Zeit stillstehen. Sie empfand es, als würde ihr Leben in Zeitlupe an ihr vorbeiziehen, jede Erinnerung, jeder Erfolg, jede Niederlage, alles wurde plötzlich nebensächlich. Der Gedanke, dass ausgerechnet sie betroffen sein könnte, erschien ihr vollkommen unwirklich. Sie fragte sich immer wieder, wie das passieren konnte, und wollte es zunächst nicht wahrhaben.

Die Bühne, auf der sie sich sonst so sicher fühlte, war plötzlich weit entfernt. Statt Applaus und Scheinwerferlicht gab es nun sterile Krankenhausflure, medizinische Fachbegriffe und eine Flut von Informationen, die sie kaum verarbeiten konnte. Nicole musste sich einer Realität stellen, die sie sich nie hätte vorstellen können. Die Krankheit zwang sie, sich mit ihrer eigenen Verletzlichkeit auseinanderzusetzen. Sie spürte, dass sie nun eine Kraft aufbringen musste, die weit über das hinausging, was sie bisher in ihrem Leben gebraucht hatte.

Die ersten Tage nach der Diagnose waren geprägt von Angst, Unsicherheit und vielen Fragen. Wie würde es weitergehen? Welche Behandlungsmöglichkeiten gab es? Wie würde ihr Körper auf die Therapien reagieren? Nicole wusste, dass sie sich auf einen langen und schwierigen Weg begeben musste, einen Weg, den sie nicht geplant hatte und der sie an ihre Grenzen bringen würde. Doch trotz aller Verzweiflung und Fassungslosigkeit spürte sie auch einen leisen, aber festen Willen, sich dieser Herausforderung zu stellen.

In dieser Zeit wurde ihr bewusst, wie sehr das Leben von einem Moment auf den anderen aus den Fugen geraten kann. Sie erkannte, dass sie nicht nur für sich selbst kämpfen musste, sondern auch für ihre Familie, ihre Freunde und all jene, die ihr nahestanden. Die Diagnose war der Beginn einer Prüfung, die sie nicht auf der Bühne, sondern im Verborgenen bestehen musste – ohne Applaus, aber mit einer Entschlossenheit, die sie selbst überraschte.

---

Nicole mit Ehemann Winfried Seibert bei einer Gala: Eine Momentaufnahme unbeschwerter Nähe, kurz bevor solche Abende für lange Zeit eine ferne Erinnerung wurden.

## Ein Schutzengel namens Corona

Ein geplatzter Traumurlaub, der sich als Lebensretter entpuppte – so könnte man die dramatische Wendung beschreiben, die Nicole im Winter 2020 erlebte. Während die Welt im Griff der Corona-Pandemie war und Reisepläne reihenweise ins Wasser fielen, traf es auch Nicole und ihren Mann Winfried. Die beiden hatten sich auf eine Reise nach Südafrika gefreut, ein Ziel, das sie schon lange auf ihrer Wunschliste hatten. Doch mit jeder neuen Infektionswelle wurden die Flüge erneut gestrichen, bis schließlich klar war: Sie würden zu Hause bleiben müssen.

Was zunächst wie eine bittere Enttäuschung wirkte, sollte sich als schicksalhafte Fügung herausstellen. Denn durch die unerwartete Zeit zu Hause ergab sich für Nicole die Möglichkeit, all die Arzttermine nachzuholen, die sie in den letzten Monaten immer wieder verschoben hatte. Einer dieser Termine, scheinbar routinemäßig und unspektakulär, wurde zum Wendepunkt ihres Lebens. Bei der Untersuchung entdeckte der Arzt etwas, das sofort ihre Aufmerksamkeit verlangte: eine Diagnose, die alles veränderte – Krebs.

Nicole erinnerte sich später daran, wie sie im Wartezimmer saß und sich fragte, ob sie überhaupt hätte kommen sollen. Doch im Nachhinein erschien ihr alles wie von einer unsichtbaren Hand gelenkt. Sie sprach davon, dass es sich anfühlte, als habe ein Schutzengel sie davon abgehalten, ins Flugzeug zu steigen, und sie stattdessen zum Arzt geführt. Die Pandemie, die für so viele Menschen Leid und Einschränkungen bedeutete, wurde für sie zum Auslöser einer lebensrettenden Entdeckung.

Die Ironie des Schicksals war für Nicole nicht zu übersehen. Während andere die erzwungene Ruhe als Belastung empfanden, wurde sie für sie zur Chance, innezuhalten und auf ihren Körper zu hören. Sie empfand Dankbarkeit für die Fügung, die sie zur richtigen Zeit an den richtigen Ort geführt hatte. Die Diagnose war ein Schock, aber auch ein Weckruf, das Leben noch bewusster zu leben und die kleinen Zufälle des Alltags als mögliche Zeichen zu deuten.

So wurde aus einer abgesagten Reise ein neues Kapitel in Nicoles Leben – eines, das sie mit Demut, Hoffnung und dem festen Glauben an eine höhere Macht erfüllte.

---

Manchmal ist eine erzwungene Stille ein Segen: Nicole Seibert feiert 2022 in Leipzig ihr emotionales Comeback nach ihrer schwer überstandenen Krankheit.

## Der Kampf im Verborgenen

Die Nachricht von der Diagnose traf Nicole wie ein Blitz aus heiterem Himmel. Doch anstatt sich in die Öffentlichkeit zu flüchten oder ihr Schicksal mit der Welt zu teilen, entschied sie sich für einen radikal anderen Weg: Sie wollte diesen Kampf ganz für sich führen, ohne neugierige Blicke, ohne Schlagzeilen, ohne Mitleid. Nur die engsten Vertrauten – ihr Mann, ihre Töchter und einige wenige Freunde – wurden eingeweiht. Das kleine Dorf, in dem sie lebte, zeigte sich als verschworene Gemeinschaft. Niemand ließ auch nur ein Wort nach außen dringen, niemand verriet ihr Geheimnis an die Presse. In einer Zeit, in der Gerüchte oft schneller reisen als der Wind, war das ein kleines Wunder.

Die Corona-Pandemie, die für viele Menschen eine Zeit der Unsicherheit und Isolation bedeutete, wurde für Nicole zu einer Art Schutzschild. Da ohnehin keine Konzerte stattfanden und die Welt im Lockdown verharrte, konnte sie sich ganz auf ihre Genesung konzentrieren. Es gab keine Verpflichtungen, keine Reisen, keine Interviews – nur die Stille und die Nähe der Familie. Diese erzwungene Pause vom Rampenlicht ermöglichte es ihr, sich auf das Wesentliche zu besinnen und Kraft zu schöpfen.

Ihr Mann erwies sich in dieser Zeit als unerschütterlicher Fels in der Brandung. Er war nicht nur ihr Partner, sondern auch ihr engster Vertrauter, der sie auffing, wenn die Angst zu groß wurde. Ihre Töchter gaben ihr Hoffnung und Lebensfreude, erinnerten sie daran, dass es sich zu kämpfen lohnte. Auch ihre Freunde standen ihr zur Seite, mal mit aufmunternden Worten, mal mit stiller Präsenz. Sie alle bildeten ein unsichtbares Netz, das Nicole auffing, wenn sie zu fallen drohte.

Die Zeit des Rückzugs war geprägt von tiefen Gesprächen, von Momenten der Stille und von der Erkenntnis, wie wertvoll das Leben ist. Nicole lernte, auf ihren Körper zu hören, sich Pausen zu gönnen und Hilfe anzunehmen. Sie entdeckte neue Seiten an sich, fand Trost in kleinen Alltagsritualen und schöpfte Kraft aus der Liebe ihrer Familie. Rückblickend wurde ihr klar, dass diese Zeit, so schwer sie auch war, sie stärker gemacht hatte. Sie hatte gelernt, dass wahre Stärke oft im Stillen wächst – und dass man manchmal am meisten gewinnt, wenn man sich zurückzieht.

---

Die unsichtbare Prüfung ist bestanden: Sängerin Nicole feiert 2022 in Leipzig ihre triumphale und emotionale Rückkehr auf die große Bühne.

NICOLE

## Die härteste Prüfung: Chemo und Haarverlust

Schmerz und Hoffnung prallten in jenen Wochen und Monaten aufeinander, als Nicole sich der wohl größten Herausforderung ihres Lebens stellen musste. Die Diagnose war kaum ausgesprochen, da lag sie schon im Operationssaal – alles ging Schlag auf Schlag, keine Zeit zum Nachdenken, keine Zeit für Angst. Die Ärzte handelten entschlossen, und Nicole musste es auch. Kaum hatte sie sich von dem Eingriff erholt, begann die Chemotherapie. Jeder Zyklus brachte neue Nebenwirkungen, neue Schmerzen, neue Zweifel. Ihr Körper wurde von Tag zu Tag schwächer, doch ihr Wille blieb ungebrochen. Die Behandlung verlangte ihr alles ab, körperlich wie seelisch.

Besonders schwer traf sie der Moment, als die Haare ausfielen. Jahrzehntelang waren sie ihr Markenzeichen gewesen, ein Symbol für ihre Weiblichkeit und ihre Bühnenpräsenz. Nun standen sie büschelweise im Waschbecken, und Nicole wusste, dass sie die Kontrolle über diesen Teil ihres Lebens verloren hatte. Anstatt sich zu verstecken, traf sie eine mutige Entscheidung: Sie ließ sich den Kopf rasieren. Dieser Schritt war schmerzhaft, aber auch befreiend. Sie wollte nicht, dass die Krankheit ihr das letzte bisschen Selbstbestimmung nahm. In der Öffentlichkeit trug sie fortan eine Perücke, doch privat zeigte sie sich ihren engsten Vertrauten mit Glatze – ein Zeichen von Vertrauen und Stärke.

Die monatelange Chemotherapie war nur der Anfang. Es folgten 29 Bestrahlungen, jede einzelne eine neue Prüfung. Die Termine bestimmten ihren Alltag, die Nebenwirkungen machten selbst die einfachsten Dinge zur Herausforderung. Doch Nicole weigerte sich, aufzugeben. Sie schöpfte Kraft aus kleinen Fortschritten, aus aufmunternden Worten ihrer Familie und Freunde, aus der Hoffnung, dass es irgendwann wieder besser werden würde. Ihre innere Stärke beeindruckte selbst jene, die sie seit Jahren kannten. Sie zeigte, dass Mut nicht bedeutet, keine Angst zu haben, sondern trotz der Angst weiterzumachen.

Mit jedem Tag, den sie durchhielt, wuchs ihr Selbstvertrauen. Sie lernte, sich selbst neu zu akzeptieren, auch ohne ihre langen Haare, auch mit den Narben, die die Krankheit hinterlassen hatte. Der Weg der Heilung war lang und voller Rückschläge, doch Nicole bewies, dass sie nicht nur auf der Bühne, sondern auch im Leben eine Kämpferin war.

---

Stärker als je zuvor: Nicole Seiberts zurückgewonnene Haarpracht und ihr Lächeln sind ein Triumph, festgehalten 2022 im MDR Riverboat-Studio.

## Die Seele einer Kämpferin

Ein Gefühl von Auflehnung durchströmte Nicole, als sie sich der Schwere ihrer Situation bewusst wurde. Inmitten der Unsicherheit und Angst, die sie umgaben, spürte sie eine ungeahnte Energie in sich aufsteigen. Sie verglich sich mit dem Skorpion, ihrem Sternzeichen, der in bedrohlichen Momenten nicht aus Furcht zurückweicht, sondern zurückweicht, um Schwung für einen entschlossenen Gegenschlag zu holen. Dieser Gedanke wurde für sie zum Leitmotiv, das sie durch die schwierigsten Tage trug. Immer wieder rief sie sich ins Gedächtnis, dass sie eine Kämpferin sei und dass sie leben wolle. Dieser innere Schwur verlieh ihr eine Standhaftigkeit, die sie selbst überraschte.

Die Vorstellung, dass ihr Leben noch nicht zu Ende sein sollte, wurde zu einer Quelle der Kraft. Nicole spürte, wie sehr sie an ihrem Dasein hing, wie viele Pläne und Träume sie noch hatte. Sie wollte nicht aufgeben, nicht jetzt, nicht so. Die Liebe ihrer Familie, die sie wie ein schützender Kokon umgab, gab ihr zusätzlichen Halt. Ihre Angehörigen waren stets an ihrer Seite, stärkten ihr den Rücken und ließen sie spüren, dass sie nicht allein war. Diese Unterstützung war für Nicole von unschätzbarem Wert. Sie schöpfte daraus Mut und Zuversicht, auch wenn die Tage lang und die Nächte voller Zweifel waren.

Während der zermürbenden Monate der Behandlung weigerte sich Nicole, in Selbstmitleid zu versinken. Sie wollte kein Mitleid von anderen, sondern ihre Würde und ihre Lebensfreude bewahren. Tränen ließ sie kaum zu, denn sie war fest entschlossen, sich nicht von der Verzweiflung überwältigen zu lassen. Stattdessen konzentrierte sie sich auf kleine Fortschritte, auf jeden Moment, der ihr zeigte, dass sie noch da war, dass sie kämpfen konnte. Sie entwickelte eine fast stoische Ruhe, die ihr half, die Schmerzen und Ängste zu ertragen.

Nicole verstand, dass es in diesen dunklen Stunden nicht nur um das Überleben ging, sondern auch darum, sich selbst treu zu bleiben. Sie wollte nicht als Opfer gesehen werden, sondern als jemand, der sich dem Leben mit aller Kraft entgegenstellt. Ihr Wille, zurück ins Leben zu finden, wurde zu einer leisen, aber unaufhaltsamen Melodie, die sie durch die schwerste Zeit ihres Lebens trug.

---

Ein stiller Blick, der von inneren Siegen zeugt: Sängerin Nicole Seibert bei ihrer eindrucksvollen Rückkehr auf die Bühne des ZDF-Fernsehgartens 2022 in Mainz.

rten
ga
Fernse
ga
rte

## Der lange Weg zurück ins Licht

Ein Moment der Erleichterung durchzog die Atmosphäre, als die Ärzte bestätigten, dass die Behandlungen Wirkung zeigten. Nach Monaten voller Unsicherheit, Schmerzen und banger Erwartung war dies der erste echte Hoffnungsschimmer, der sich am Horizont abzeichnete. Im März 2022 wagte Nicole einen weiteren Schritt: Sie unterzog sich einer letzten kosmetischen Operation. Dieser Eingriff war mehr als nur ein medizinischer Abschluss – er markierte symbolisch das Ende der akuten Therapiephase, ein Meilenstein auf ihrem Weg zurück ins Leben.

Doch mit dem Abschluss der Behandlungen war die Reise keineswegs vorbei. Die Zeit der Nachsorge begann, und mit ihr ein neues Kapitel voller gemischter Gefühle. Jeder Kontrolltermin brachte eine Mischung aus Hoffnung und Angst mit sich. Nicole gestand, dass die Angst, die Krankheit könnte zurückkehren, bei jedem Arztbesuch präsent war. Sie beschrieb, wie dieses Gefühl wie ein Schatten mit ihr reiste, sich aber nicht mehr in den Vordergrund drängte. Stattdessen lernte sie, die Angst zu akzeptieren, ohne sich von ihr beherrschen zu lassen.

Der Alltag kehrte nur langsam zurück. Schritt für Schritt tastete sich Nicole an die Normalität heran. Die Erfahrungen der vergangenen Monate hatten sie verändert; kleine Routinen, die früher selbstverständlich waren, gewannen eine neue, tiefere Bedeutung. Ein Spaziergang im Sonnenschein oder ein gemeinsames Frühstück mit der Familie wurden zu wichtigen Ankern auf ihrem Weg.

Die Angst blieb ein Begleiter, doch Nicole lernte, ihr mit Gelassenheit zu begegnen und sich nicht mehr von dunklen Gedanken bestimmen zu lassen. Die Rückkehr ins Leben war kein lauter Triumph, sondern ein leiser, aber beständiger Prozess. Sie fand ihren eigenen Weg, mit der Unsicherheit umzugehen, und schöpfte aus jedem neuen Tag die Kraft, sich bewusst für das Licht zu entscheiden.

Sängerin Nicole Seibert strahlt beim Comeback im ZDF-Fernsehgarten voller neugewonnener Lebenskraft und erobert nach schwerer Prüfung eindrucksvoll die Scheinwerfer für sich.

## „Ich darf weiterleben“: Die Nachricht der Heilung

Jubel und Tränen mischten sich, als Nicole im Juli 2022 die Nachricht erhielt, auf die sie und ihre Familie monatelang gewartet hatten: Die Ärzte erklärten sie für geheilt. Nach einer Zeit voller Angst, Unsicherheit und schmerzhafter Behandlungen war der Krebs besiegt. Für Nicole fühlte sich dieser Moment wie eine Wiedergeburt an, als hätte das Leben ihr eine zweite Chance geschenkt. Die Erleichterung, die sie durchströmte, war kaum in Worte zu fassen. Sie empfand eine tiefe Dankbarkeit – gegenüber den Ärzten, ihrer Familie, ihren Freunden und allen, die sie auf diesem schweren Weg begleitet hatten.

Die dunklen Monate, in denen jeder Tag von Sorgen überschattet war, lagen nun hinter ihr. Nicole spürte, wie die Last von ihren Schultern fiel. Sie konnte endlich wieder durchatmen, Pläne schmieden und sich auf die Zukunft freuen. Die Freude, wieder nach vorne blicken zu können, war für sie ein unbeschreibliches Geschenk. Sie war sich bewusst, dass nicht jeder Patient dieses Glück erleben durfte, und das erfüllte sie mit Demut.

Als sie ihre Heilung öffentlich machte, war das nicht nur ein persönlicher Triumph, sondern auch ein Zeichen der Hoffnung für viele andere. Nicole wusste, wie wichtig es war, ihre Geschichte zu teilen. Sie wollte Mut machen, zeigen, dass es auch nach einer schweren Diagnose einen Weg zurück ins Leben geben kann. Die Resonanz war überwältigend: Tausende Frauen, die selbst oder in ihrem Umfeld mit Krebs konfrontiert waren, fühlten sich von ihrer Offenheit und Stärke inspiriert.

Nicole betonte, dass sie diese Erfahrung für immer geprägt habe. Sie habe gelernt, die kleinen Dinge des Lebens wieder mehr zu schätzen und jeden Tag bewusst zu genießen. Die Dankbarkeit, die sie empfand, wollte sie weitergeben – an ihre Familie, ihre Fans und an all jene, die gerade selbst kämpfen. Für sie war klar: Das Leben ist ein Geschenk, und jeder Tag zählt.

Mit der öffentlichen Bekanntgabe ihrer Heilung setzte Nicole ein Zeichen. Sie zeigte, dass Hoffnung und Durchhaltevermögen selbst in den dunkelsten Zeiten Früchte tragen können. Ihr Weg zurück ins Leben wurde so zu einer Botschaft, die weit über ihre eigene Geschichte hinausreichte.

---

Ein Lied als Dank für das Leben: Sängerin Nicole Seibert voller Zuversicht bei ihrem Auftritt in der ARD-Show „Immer wieder Sonntags“ (8.9.2024).

## Ein neues Bewusstsein: Das Leben nach dem Krebs

Plötzlich war alles anders: Die Erfahrung, mit der eigenen Endlichkeit konfrontiert zu werden, hat Nicole auf eine Weise geprägt, die sie sich früher kaum hätte vorstellen können. Sie beschreibt, dass sie nach dieser Zeit nicht mehr dieselbe war. Die Schwere der Krankheit und die Unsicherheit, die sie durchleben musste, haben ihr einen neuen Blick auf das Leben geschenkt. Sie empfindet heute eine tiefe Dankbarkeit für jeden einzelnen Tag, den sie erleben darf. Das Bewusstsein, dass nichts selbstverständlich ist, hat sich in ihr fest verankert.

Nicole hat gelernt, die kleinen Dinge zu schätzen, die sie früher vielleicht übersehen hätte. Ein Sonnenstrahl am Morgen, das Lachen eines Freundes, ein gutes Essen – all das hat für sie an Bedeutung gewonnen. Sie gönnt sich heute öfter kleine Freuden, ohne ein schlechtes Gewissen zu haben. Sie lacht mehr, sie lebt bewusster und lässt sich nicht mehr so leicht von Alltagsproblemen aus der Ruhe bringen. Die Fähigkeit, Wichtiges von Nichtigem zu unterscheiden, ist für sie zu einer Art innerem Kompass geworden.

Rückblickend sagt Nicole, dass die Krankheit, so schrecklich sie auch war, ihr die Augen für den wahren Wert des Lebens geöffnet habe. Sie sieht in der Krise sogar einen Sinn, weil sie ihr geholfen hat, sich selbst und ihre Prioritäten neu zu ordnen. Oberflächliche Sorgen, die sie früher beschäftigt haben, erscheinen ihr heute belanglos. Sie konzentriert sich auf das, was ihr wirklich am Herzen liegt: Familie, Freunde, Musik und die Freude am Dasein.

Diese neue Perspektive prägt nicht nur ihr Denken, sondern auch ihr Handeln. Nicole engagiert sich bewusster für die Dinge, die ihr wichtig sind, und nimmt sich Zeit für die Menschen, die sie liebt. Sie hat gelernt, dass das Leben zu kurz ist, um es mit Sorgen und Ängsten zu verbringen. Stattdessen versucht sie, jeden Tag als Geschenk zu sehen und das Beste daraus zu machen. Die Dankbarkeit, die sie empfindet, ist zu einer treibenden Kraft in ihrem Leben geworden. Sie möchte andere inspirieren, das Leben ebenfalls bewusster zu genießen und sich nicht von Ängsten lähmen zu lassen.

---

Sängerin Nicole Seibert bei „Immer wieder Sonntags“ am 28.07.2024: Ihre strahlende Rückkehr auf die Bühne ist eine sichtbare Feier neuer Kraft und Lebensfreude.

## Ich bin zurück: Das emotionale Bühnen-Comeback

Mit donnerndem Applaus empfing das Publikum Nicole, als sie nach zweieinhalb Jahren Pause wieder ins Rampenlicht trat. Die Luft war elektrisch geladen, als sie die ersten Takte von „Ich bin zurück" anstimmte. Jeder Ton, jede Geste verriet, dass hier eine Künstlerin stand, die nicht nur eine schwere Zeit überstanden hatte, sondern auch gestärkt und mit neuer Leidenschaft auf die Bühne zurückkehrte. Die Zuschauer spürten, dass dieser Moment mehr war als ein gewöhnliches Konzert – es war ein emotionaler Befreiungsschlag, ein Zeichen des Lebenswillens und der Dankbarkeit.

Die Verbindung zwischen Nicole und ihren Fans war in diesen Minuten fast greifbar. Viele im Saal hatten sie durch Briefe, Nachrichten und soziale Medien während ihrer Auszeit unterstützt. Nun standen sie ihr gegenüber, voller Bewunderung und Rührung. Nicole ließ durchblicken, wie viel ihr diese Treue bedeutete. Sie habe in den dunkelsten Stunden Kraft aus der Gewissheit geschöpft, dass ihre Musik und ihre Geschichte Menschen berührten und inspirierten. Die Fans wiederum empfanden es als Geschenk, ihre Stimme und ihre Ausstrahlung wieder live erleben zu dürfen.

Die ersten Auftritte nach der langen Pause waren von einer Intensität geprägt, die selbst Nicole überraschte. Sie erzählte später, dass sie jede Sekunde auf der Bühne bewusster wahrnahm als je zuvor. Die Lichter, die Musik, die Gesichter im Publikum – all das erschien ihr wie ein kostbares Geschenk. Es war, als hätte sie einen neuen Zugang zu ihrer Kunst gefunden, als könne sie ihre Lieder mit noch mehr Gefühl und Tiefe füllen. Die Erfahrungen der vergangenen Jahre hatten sie verändert, und das spiegelte sich in jeder Note wider.

Für Nicole war dieses Comeback nicht nur der Abschluss eines langen Kampfes, sondern auch der kraftvolle Beginn eines neuen Kapitels. Sie blickte voller Zuversicht nach vorne, getragen von der Liebe ihrer Fans und der eigenen Entschlossenheit, das Leben in vollen Zügen zu genießen. Die Bühne war wieder ihr Zuhause, und sie war bereit, ihre Geschichte weiterzuerzählen – mit all der Energie, die sie aus ihrer Rückkehr ins Leben geschöpft hatte.

---

Die Stille ist gebrochen: Im Leipziger „Riverboat" spricht Nicole Seibert mit ruhiger Stärke über den emotionalen Weg zurück ins Rampenlicht.

## Carpe Diem: Der Blick nach vorn

Mit einer neuen Klarheit und Lebensfreude, die aus tiefgreifenden Erfahrungen gewachsen ist, richtet Nicole ihren Blick nach vorn. Die vergangenen Jahre haben sie gelehrt, wie kostbar jeder einzelne Tag ist. Aus dieser Erkenntnis heraus hat sie beschlossen, ihr nächstes Album „Carpe Diem" zu nennen – ein musikalisches Manifest ihres neuen Lebensgefühls. Für Nicole ist dieser Titel mehr als nur ein Motto; er ist Ausdruck einer Haltung, die sie sich hart erarbeitet hat. Sie empfindet es als Geschenk, das Leben in all seinen Facetten wieder bewusst wahrzunehmen und zu genießen.

Der bevorstehende 60. Geburtstag ist für sie kein Anlass zur Sorge, sondern ein Grund zur Freude. Nicole betont, dass sie dankbar sei, dieses Alter erreicht zu haben, und dass sie jeden Tag als Chance begreife, das Leben zu feiern. Die Zeit der Unsicherheit und Angst hat sie hinter sich gelassen. Stattdessen spürt sie eine tiefe Dankbarkeit für die Menschen, die sie auf ihrem Weg begleitet haben, und für die Möglichkeiten, die sich ihr immer wieder eröffnet haben.

Die Geschichte von Nicole, die einst als junges Mädchen aus dem Saarland mit „Ein bisschen Frieden" die Herzen Europas eroberte, hat sich gewandelt. Heute ist sie die Geschichte einer Frau, die nicht nur musikalische Erfolge gefeiert, sondern auch die schwerste aller Prüfungen bestanden hat. Sie hat sich ihren Ängsten gestellt, Rückschläge überwunden und ist gestärkt daraus hervorgegangen. Nicole sieht sich nicht als Heldin, sondern als jemand, der das Leben mit all seinen Höhen und Tiefen angenommen hat.

Ihr Blick richtet sich nicht zurück, sondern voller Zuversicht nach vorn. Sie weiß, dass das Leben keine Garantien bietet, aber sie hat gelernt, jeden Tag zu schätzen und das Beste daraus zu machen. Für Nicole ist das die wichtigste Erkenntnis ihrer Reise: Das Leben ist ein Geschenk, das es zu nutzen gilt – heute, morgen und an jedem neuen Tag.

---

Den Moment fest im Griff, die Zukunft im Visier: Sängerin Nicole Seibert zelebriert im ZDF-Fernsehgarten das Leben mit purer Energie.

## Schlusswort

Es gibt Biografien, die sich lesen wie ein einziger Triumphzug, und andere, die von leisen Tönen und stillen Momenten erzählen. Die Geschichte von Nicole, geboren als Nicole Seibert im saarländischen Nohfelden, vereint beides auf bemerkenswerte Weise. Wer hätte gedacht, dass ein Mädchen, das auf Schul- und Betriebsfesten ihre ersten musikalischen Gehversuche wagte, eines Tages mit einer Gitarre in der Hand und einem Lied im Herzen die Weltbühne erobern würde? Doch genau das geschah, als Nicole 1982 mit „Ein bisschen Frieden“ beim Eurovision Song Contest in Harrogate nicht nur einen Erdrutschsieg errang, sondern auch ein ganzes Europa für einen Moment innehalten ließ.

Der Weg dorthin war gepflastert mit Fleiß, Disziplin und einer bemerkenswerten Bodenständigkeit. Nicole blieb stets das Mädchen aus dem Saarland, das sich nie von den Verlockungen des Ruhms blenden ließ. Ihre Karriere, geprägt von der Zusammenarbeit mit Ralph Siegel und dem unermüdlichen Rückhalt ihres Mannes Winfried, war nie ein Produkt des Zufalls. Vielmehr war sie das Ergebnis harter Arbeit, einer klaren künstlerischen Vision und einer tiefen Liebe zur Musik. Die 80er-Jahre brachten ihr nicht nur internationale Erfolge, sondern auch die Anerkennung als Königin der ZDF-Hitparade und als eine der wenigen deutschen Künstlerinnen, die es schafften, auch in Großbritannien und Fernost Fuß zu fassen.

Doch Nicoles Leben war nie nur von Siegen geprägt. Die Stille, die sie suchte und fand – sei es im Familienleben, in ihrem Engagement für soziale Projekte wie die Welthungerhilfe oder das Kinderhospiz Saar – war stets ein Gegenpol zum Rampenlicht. Sie blieb sich selbst treu, mied Skandale und setzte stattdessen auf Authentizität und Mitgefühl. Ihre Auszeichnungen, von der Goldenen Stimmgabel bis zum Hans-Rosenthal-Ehrenpreis, sind Ausdruck einer Karriere, die auf Beständigkeit und Integrität fußt.

Die härteste Prüfung kam jedoch abseits der Scheinwerfer: Die Diagnose Krebs im Dezember 2020 stellte alles in Frage. Doch Nicole, die schon immer eine Kämpferin war, stellte sich auch dieser Herausforderung mit bewundernswerter Stärke. Die Zeit der Krankheit, der Chemotherapie und des Haarverlusts wurde zu einer Phase der Selbstreflexion und des Neubeginns. Als sie schließlich die Nachricht der Heilung erhielt, war es nicht nur ein medizinischer Sieg, sondern auch ein Triumph des Lebenswillens.

Heute steht Nicole wieder auf der Bühne, mit einer neuen Dankbarkeit und einem geschärften Bewusstsein für das Wesentliche. Ihre Geschichte ist ein Beweis dafür, dass wahre Größe nicht im lauten Jubel, sondern oft in der Stille wächst. Und so bleibt sie, die Frau mit der sanften Stimme und der unerschütterlichen Zuversicht, ein Vorbild – nicht nur für ihre Generation, sondern für alle, die an die Kraft der Musik und die Stärke des Herzens glauben.

# Impressum

Für Fragen und Anregungen: FlipFlopVerlag@gmail.com


Oliver Kuhn
Habsburgerstrasse 8
80801 München



Dieses Buch wurde vom Künstler oder Management nicht autorisiert.

Printed in the EU

ISBN 978-3-7591-8417-7

# Bildnachweise

IMAGO / United Archives; IMAGO / United Archives; IMAGO / United Archives; IMAGO / WEREK; IMAGO / Lindenthaler; IMAGO / Lindenthaler; IMAGO / Lindenthaler; IMAGO / Lindenthaler; IMAGO / Lindenthaler; IMAGO / Lindenthaler; IMAGO / Lindenthaler; IMAGO / teutopress; IMAGO / WEREK; IMAGO / WEREK; IMAGO / WEREK; IMAGO / teutopress; IMAGO / teutopress; IMAGO / teutopress; IMAGO / teutopress; IMAGO / teutopress; IMAGO / teutopress; IMAGO / Lindenthaler; IMAGO / teutopress; IMAGO / United Archives; IMAGO / teutopress; IMAGO / United Archives; IMAGO / BRIGANI-ART; IMAGO / United Archives; IMAGO / teutopress; IMAGO / teutopress; IMAGO / Scherf; IMAGO / Scherf; IMAGO / United Archives; IMAGO / suedraumfoto; IMAGO / Weißfuß; IMAGO / STAR-MEDIA; IMAGO / eventfoto54; IMAGO / STAR-MEDIA; IMAGO / Christian Schroedter; IMAGO / APress; IMAGO / Eibner; IMAGO / STAR-MEDIA; IMAGO / STAR-MEDIA; IMAGO / STAR-MEDIA; IMAGO / STAR-MEDIA; IMAGO / STAR-MEDIA; IMAGO / STAR-MEDIA; IMAGO / STAR-MEDIA; IMAGO / STAR-MEDIA; IMAGO / STAR-MEDIA;

Zeitfracht Medien GmbH
Ferdinand-Jühlke-Straße 7,
99095 - DE, Erfurt
produktsicherheit@zeitfracht.de

FSC
www.fsc.org
MIX
Papier | Fördert
gute Waldnutzung
FSC® C083411